σχολείο - בית ספר	2
ταξίδι - נסיעה	5
μεταφορά - תחבורה	8
πόλη - עיר	10
τοπίο - נוף	14
εστιατόριο - מסעדה	17
σούπερ μάρκετ - סופרמרקט	20
ποτά - שתיות	22
φαγητό - אוכל	23
αγρόκτημα - חווה	27
σπίτι - בית	31
σαλόνι - סלון	33
κουζίνα - מטבח	35
μπάνιο - חדר אמבטיה	38
παιδικό δωμάτιο - חדר ילדים	42
ρούχα - בגדים	44
γραφείο - משרד	49
οικονομία - כלכלה	51
επαγγέλματα - מקצועות	53
εργαλεία - כלי עבודה	56
μουσικά όργανα - כלי נגינה	57
ζωολογικός κήπος - גן חיות	59
αθλήματα - ספורט	62
δραστηριότητες - פעילויות	63
οικογένεια - משפחה	67
σώμα - גוף	68
νοσοκομείο - בית חולים	72
έκτακτη ανάγκη - חירום	76
Γη - כדור הארץ	77
ρολόι - שעון	79
εβδομάδα - שבוע	80
έτος - שנה	81
σχήματα - צורות	83
χρώματα - צבעים	84
αντίθετα - הפכים	85
αριθμοί - מספרים	88
γλώσσες - שפות	90
ποιος / τι / πως - איך / מה / מי	91
που - איפה	92

Impressum
Verlag: BABADADA GmbH, Nedderfeld 112 , 22529 Hamburg
Geschäftsführer / Verlagsleitung: Harald Hof
Druck: Books on Demand GmbH, In de Tarpen 42, 22848 Norderstedt

Imprint
Publisher: BABADADA GmbH, Nedderfeld 112 , 22529 Hamburg, Germany
Managing Director / Publishing direction: Harald Hof
Print: Books on Demand GmbH, In de Tarpen 42, 22848 Norderstedt

σχολείο

בית ספר

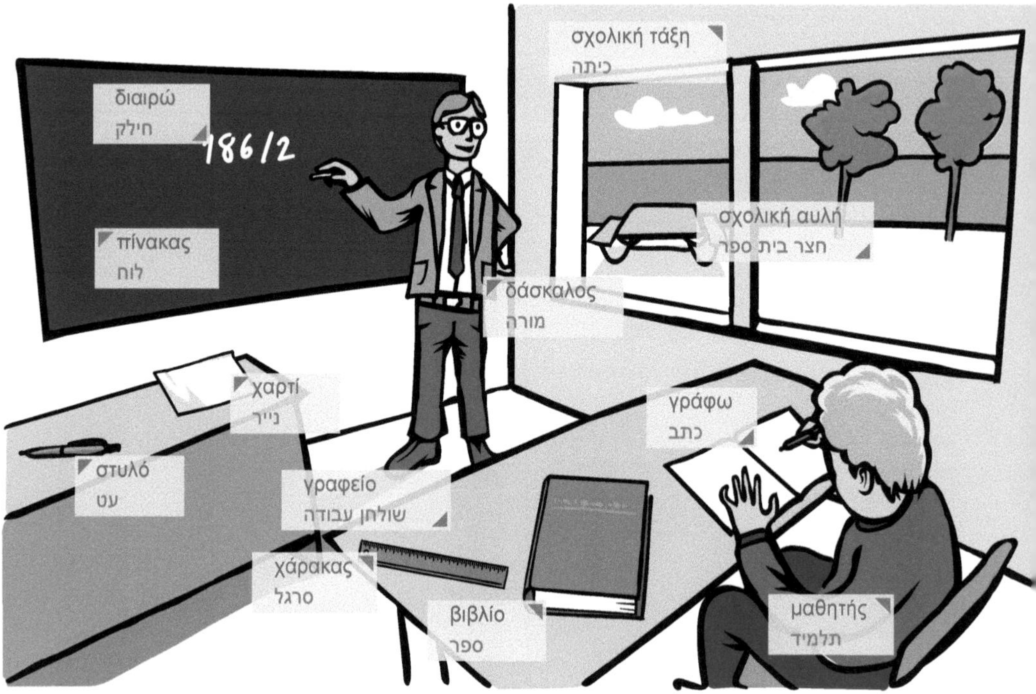

σχολική τάξη
כיתה
διαιρώ
חילק
186/2
πίνακας
לוח
σχολική αυλή
חצר בית ספר
δάσκαλος
מורה
χαρτί
נייר
γράφω
כתב
στυλό
עט
γραφείο
שולחן עבודה
χάρακας
סרגל
βιβλίο
ספר
μαθητής
תלמיד

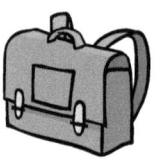

σχολική τσάντα

ילקוט

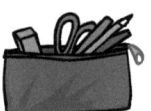

κασετίνα/ μολυβοθήκη

קלמר

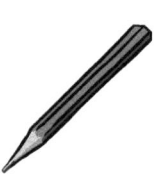

μολύβι

עיפרון

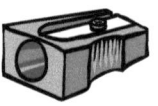

ξύστρα

מחדד

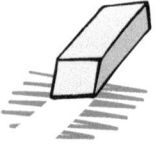

γόμα

גומי מחיקה

μπλοκ ζωγραφικής

חוברת סרטוט

ζωγραφική

סרטוט

πινέλο

מברשת

κουτί χρωμάτων

קופסת צבעים

ψαλίδι

מספריים

κόλλα

דבק

τετράδιο ασκήσεων

ספר תרגול

εργασία για το σπίτι

שיעור בית

12

αριθμός

מספר

2+2

προσθέτω

חיבר

5-2

αφαιρώ

חיסר

2×2

πολλαπλασιάζω

הכפיל

υπολογίζω

חישב

A

γράμμα

אות

ABCDEFG
HIJKLMN
OPQRSTU
VWXYZ

αλφάβητο

אלפבית

hello

λέξη

מילה

κείμενο

טקסט

διαβάζω

קרא

κιμωλία

גיר

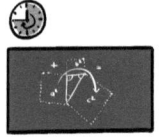

μάθημα

שיעור

εγγράφομαι

יומן נוכחות

τεστ

מבחן

πιστοποιητικό

תעודה

μαθητική στολή

תלבושת בית ספר

εκπαίδευση

חינוך

εγκυκλοπαίδεια

אנציקלופדיה

πανεπιστήμιο

אוניברסיטה

μικροσκόπιο

מיקרוסקופ

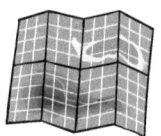

χάρτης

מפה

καλάθι αχρήστων

סל נייר

ξενοδοχείο
מלון

ξενώνας
הוסטל

ROOMS

ανταλλακτήρια συναλλάγματος
המרת מטבע

ΕΧCHANGE

βαλίτσα
מזוודה

αυτοκίνητο
אוטו

Grand

γλώσσα
שפה

ναι / όχι
כן / לא

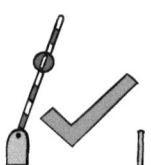

εντάξει
בסדר

γεια σου
שלום

μεταφραστής
מתרגם

Ευχαριστώ
תודה

πόσο κάνει ;

כמה עולה.....?

Δε καταλαβαίνω

אני לא מבין

πρόβλημα

בעיה

Καλησπέρα!

ערב טוב!

Καλημέρα!

בוקר טוב!

Καληνύχτα!

לילה טוב!

Αντίο

להתראות

κατεύθυνση

כיוון

αποσκευές

כבודה

τσάντα

תיק

σακίδιο πλάτης

תרמיל גב

καλεσμένος

אורח

δωμάτιο

חדר

υπνόσακος

שק שינה

σκηνή

אוהל

τουριστικές πληροφορίες

מרכז מידע לתיירים

παραλία

חוף ים

πιστωτική κάρτα

כרטיס אשראי

πρωινό

ארוחת בוקר

μεσημεριανό

ארוחת צהריים

δείπνο

ארוחת ערב

εισιτήριο

כרטיס

ανελκυστήρας

מעלית

γραμματόσημο

בול

σύνορα

גבול

τελωνείο

מכס

πρεσβεία

שגרירות

βίζα

אשרה

διαβατήριο

דרכון

μεταφορά

תחבורה

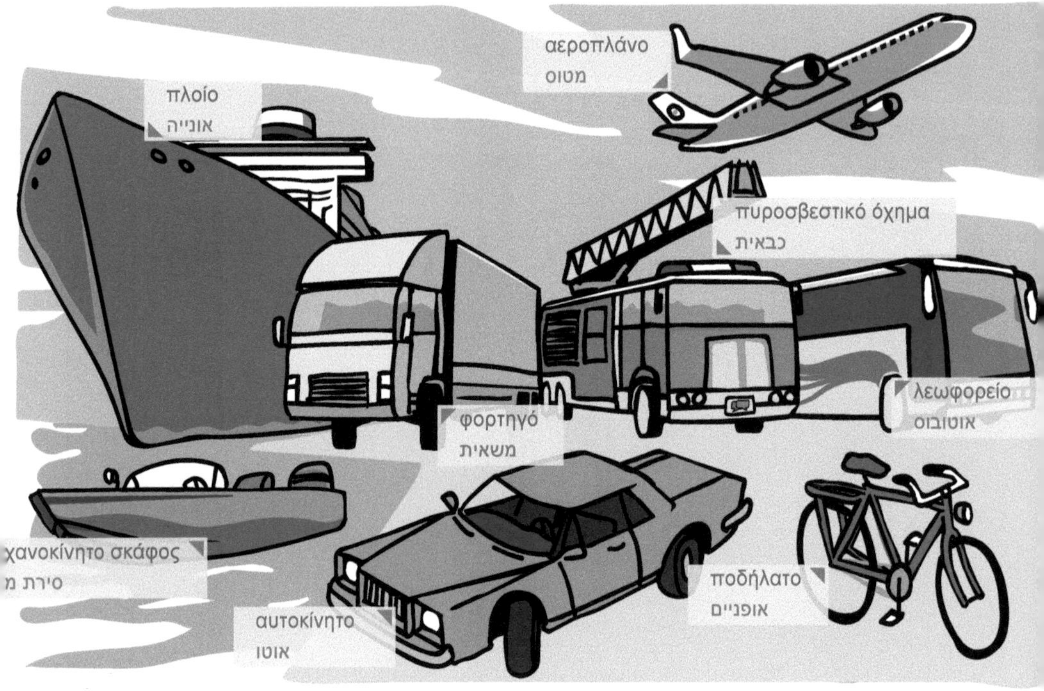

αεροπλάνο
מטוס
πλοίο
אונייה
πυροσβεστικό όχημα
כבאית
λεωφορείο
אוטובוס
φορτηγό
משאית
χανοκίνητο σκάφος
סירת מ
ποδήλατο
אופניים
αυτοκίνητο
אוטו

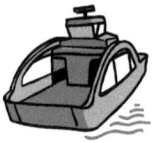

φεριμπότ

מעבורת

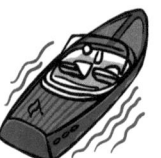

βάρκα

סירה

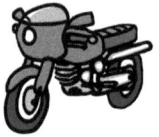

μοτοσικλέτα

אופנוע

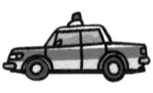

περιπολικό

ניידת משטרה

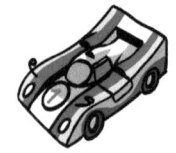

αγωνιστικό αυτοκίνητο

מכונית מרוץ

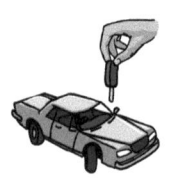

ενοικιαζόμενο αυτοκίνητο

רכב שכור

διαμοιρασμός αυτοκινήτων

מכוניות בשיתוף

γερανός

אוטו גרר

απορριμματοφόρο

משאית זבל

κινητήρας

מנוע

καύσιμο

דלק

βενζινάδικο

תחנת דלק

πινακίδα σήμανσης

תמרור

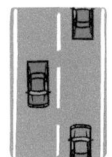

κυκλοφορία

תנועה

κυκλοφοριακή συμφόρηση

פקק תנועה

χώρος στάθμευσης

חניה

σιδηροδρομικός σταθμός

תחנת רכבת

σιδηροδρομικές γραμμές

פסי רכבת

τρένο

רכבת

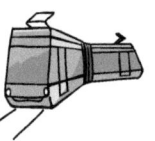

τραμ

רכבת קלה

βαγόνι

קרון

ελικόπτερο

מסוק

αεροδρόμιο

שדה-תעופה

πύργος

מגדל

επιβάτης

נוסע

εμπορευματοκιβώτιο

קונטיינר

χαρτοκιβώτιο

קרטון

καρότσι

עגלה

καλάθι

סל

απογειώνομαι /
προσγειόνομαι

המראה / נחיתה

πόλη
עיר

χωριό

כפר

κέντρο της πόλης

מרכז העיר

σπίτι

בית

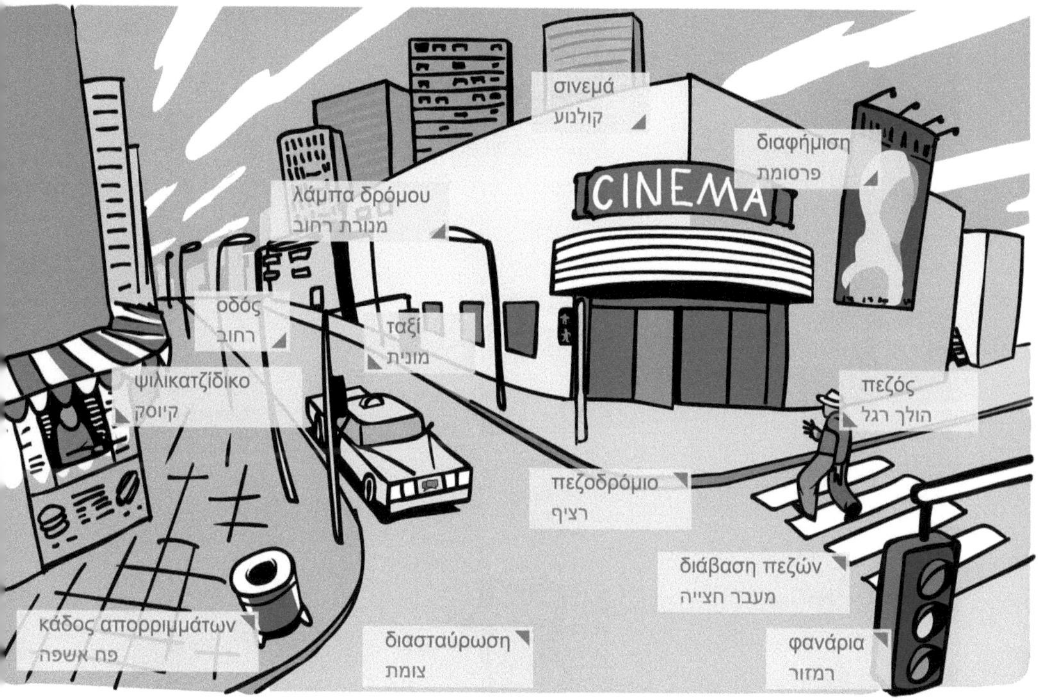
σινεμά
קולנוע
διαφήμιση
פרסומת
CINEMA
λάμπα δρόμου
מנורת רחוב
οδός
רחוב
ταξί
מונית
ψιλικατζίδικο
קיוסק
πεζός
הולך רגל
πεζοδρόμιο
רציף
διάβαση πεζών
מעבר חצייה
κάδος απορριμμάτων
פח אשפה
διασταύρωση
צומת
φανάρια
רמזור

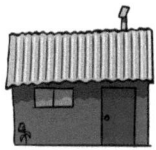

καλύβα

בקתה

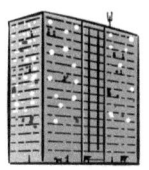

διαμέρισμα

דירה

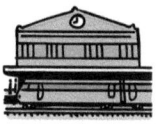

σιδηροδρομικός σταθμός

תחנת רכבת

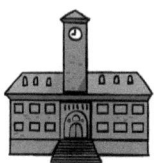

δημαρχείο

עירייה

MUSEUM

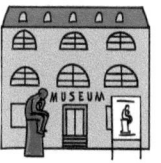

μουσείο

מוזיאון

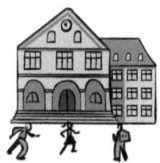

σχολείο

בית ספר

πανεπιστήμιο

אוניברסיטה

τράπεζα

בנק

νοσοκομείο

בית חולים

ξενοδοχείο

מלון

φαρμακείο

בית מרקחת

γραφείο

משרד

βιβλιοπωλείο

חנות ספרים

κατάστημα

חנות

ανθοπωλείο

חנות פרחים

σούπερ μάρκετ

סופרמרקט

αγορά

שוק

πολυκατάστημα

כל-בו

ιχθυοπωλείο

מוכר דגים

εμπορικό κέντρο

קניון

λιμάνι

נמל

πάρκο

פארק

παγκάκι

ספסל

γέφυρα

גשר

σκάλες

מדרגות

μετρό

רכבת תחתית

τούνελ

מנהרה

στάση λεωφορείου

תחנת אוטובוס

μπαρ

בר

εστιατόριο

מסעדה

γραμματοκιβώτιο

תא דואר

πινακίδα δρόμου

שלט רחוב

παρκόμετρο

מדחן

ζωολογικός κήπος

גן חיות

πισίνα

בריכת שחיה

τζαμί

מסגד

αγρόκτημα

חווה

ρύπανση

זיהום

νεκροταφείο

בית עלמין

εκκλησία

כנסייה

παιδική χαρά

מגרש משחקים

ναός

בית מקדש

τοπίο

נוף

φύλλο
עלה

πινακίδα κατεύθυνσης
תמרור

δρόμος
דרך

λιβάδι
מרעה

πέτρα
אבן

δέντρο
עץ

πεζοπόρος
מטייל

ποτάμι
נהר

χορτάρι
דשא

λουλούδι
פרח

κοιλάδα

בקעה

λόφος

הר

λίμνη

אגם

δάσος

יער

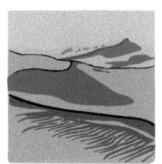

έρημος

מדבר

ηφαίστειο

הר געש

κάστρο

טירה

ουράνιο τόξο

קשת בענן

μανιτάρι

פטריה

φοίνικας

דקל

κουνούπι

יתוש

μύγα

זבוב

μυρμήγκι

נמלה

μέλισσα

דבורה

αράχνη

עכביש

σκαθάρι

חיפושית

βάτραχος

צפרדע

σκίουρος

סנאי

σκαντζόχοιρος

קיפוד

λαγός

ארנב

κουκουβάγια

ינשוף

πουλί

ציפור

κύκνος

ברבור

αγριογούρουνο

חזיר בר

ελάφι

צבי

άλκη

אייל הקורא

φράγμα

סכר

ανεμογεννήτρια

טורבינת רוח

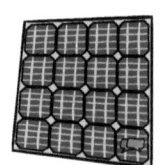

ηλιακός συλλέκτης

פנל סולארי

κλίμα

אקלים

εστιατόριο
מסעדה

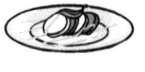

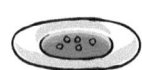

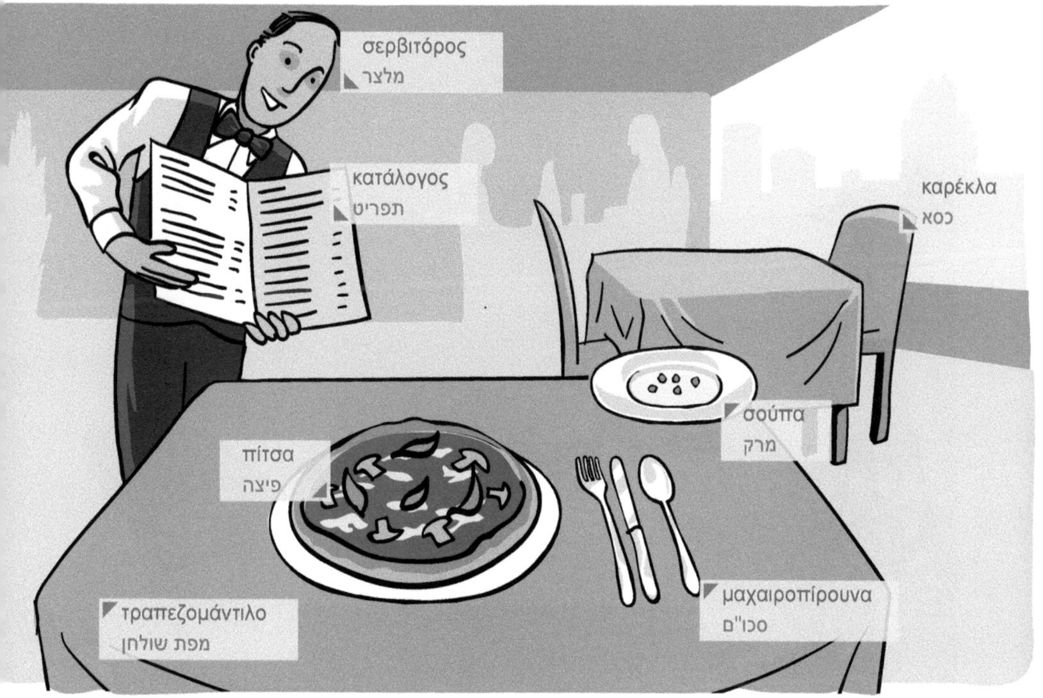
σερβιτόρος
מלצר
κατάλογος
תפריט
καρέκλα
כסא
σούπα
מרק
πίτσα
פיצה
μαχαιροπίρουνα
סכו"ם
τραπεζομάντιλο
מפת שולחן

ορεκτικό

מנת פתיחה

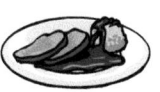

κύριο πιάτο

מנה עיקרית

επιδόρπιο

קינוח

ποτά

שתיות

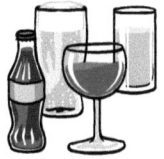

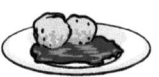

φαγητό

אוכל

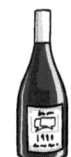

μπουκάλι

בקבוק

φαστ φουντ

מזון מהיר

φαγητό στ' όρθιο

אוכל רחוב

τσαγιέρα

קנקן תה

δοχείο ζάχαρης

מסכרת

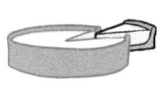

μερίδα

מנה

μηχανή εσπρέσο

מכונת אספרסו

ψηλή καρέκλα

כסא תינוק

λογαριασμός

חשבון

δίσκος

מגש

μαχαίρι

סכין

πιρούνι

מזלג

κουτάλι

כף

κουταλάκι του τσαγιού

כפית

πετσέτα φαγητού

מפית

ποτήρι

כוס

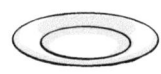

πιάτο

צלחת

πιάτο σούπας

קערת מרק

πιατάκι φλιτζανιού

תחתית

σάλτσα

רוטב

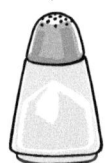

αλατιέρα

מלחייה

μύλος για πιπέρι

מטחנת פלפל

ξύδι

חומץ

λάδι

שמן

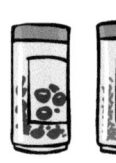

μπαχαρικά

תבלינים

κέτσαπ

קטשופ

μουστάρδα

חרדל

μαγιονέζα

מיונז

σούπερ μάρκετ

סופרמרקט

προσφορά
מבצע
FOR
πελάτης
לקוח
γαλακτοκομικά προϊόντα
מוצרי חלב
φρούτα
פירות
καρότσι για ψώνια
עגלת קניות

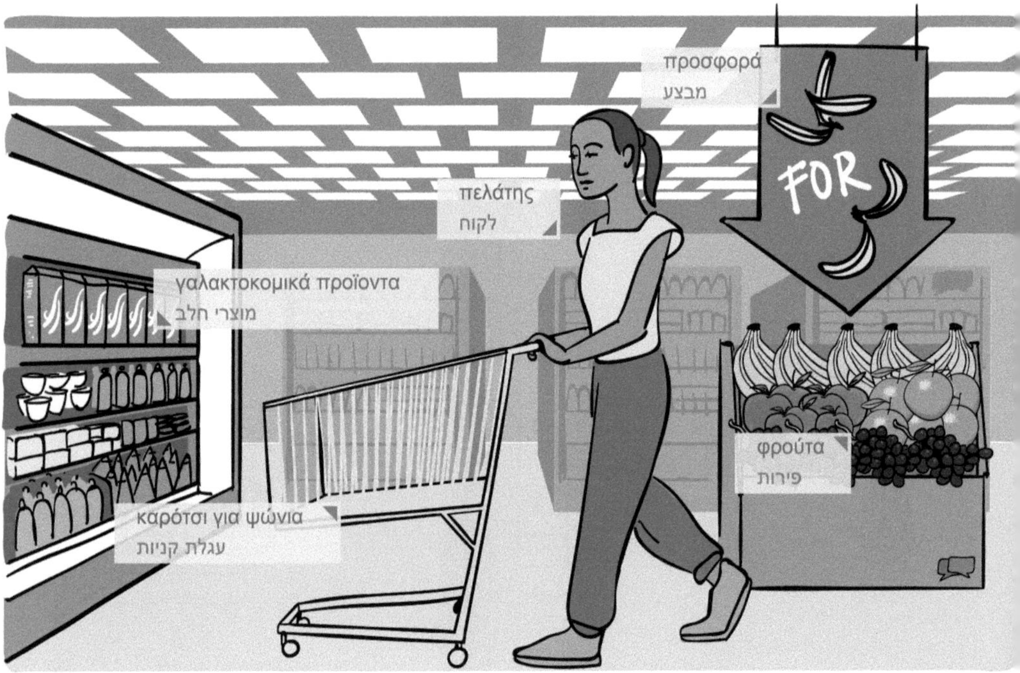

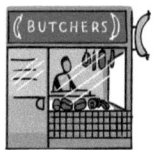

BUTCHERS

κρεοπωλείο

אטליז

BAKERY

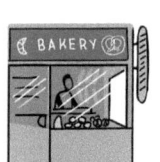

φούρνος

מאפייה

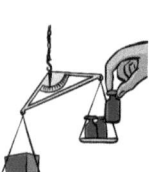

ζυγίζω

שקל

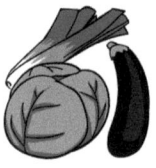

λαχανικά

ירקות

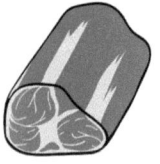

κρέας

בשר

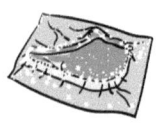

κατεψυγμένα τρόφιμα

מזון קפוא

αλλαντικά

בשר קר

κονσερβοποιημένη τροφή

שימורים

απορρυπαντικό ρούχων

אבקת כביסה

γλυκά

ממתקים

οικιακά είδη

מוצרי בית

καθαριστικά προϊόντα

חומר ניקוי

πωλήτρια

מוכרת

ταμείο

קופה

ταμίας

קופאי

λίστα για ψώνια

רשימת קניות

ωράριο λειτουργίας

שעות פתיחה

πορτοφόλι

ארנק

πιστωτική κάρτα

כרטיס אשראי

τσάντα

תיק

πλαστική σακούλα

שקית ניילון

νερό

מים

χυμός

מיץ

γάλα

חלב

κόκα κόλα

קולה

κρασί

יין

μπίρα

בירה

αλκοόλ

אלכוהול

κακάο

קקאו

τσάι

תה

καφές

קפה

εσπρέσο

אספרסו

καπουτσίνο

קפוצ'ינו

μπανάνα

בננה

μήλο

תפוח

πορτοκάλι

תפוז

πεπόνι

אבטיח

λεμόνι

לימון

καρότο

גזר

σκόρδο

שום

μπαμπού

במבוק

κρεμμύδι

בצל

μανιτάρι

פטריות

ξηροί καρποί

אגוזים

νούντλς

אטריות

μακαρόνια

ספגטי

ρύζι

אורז

σαλάτα

סלט

πατατάκια

צ'יפס

τηγανητές πατάτες

צ'יפס

πίτσα

פיצה

χάμπουργκερ

המבורגר

σάντουιτς

כריך

κοτολέτα

שניצל

ζαμπόν

שינקין

σαλάμι

סלאמי

λουκάνικο

נקניקיה

κοτόπουλο

עוף

ψητό

טיגון

ψάρι

דג

χυλός βρώμης

שיבולת שועל

μούσλι

מוזלי

κορν φλέικς

קורנפלקס

αλεύρι

קמח

κρουασάν

קרואסון

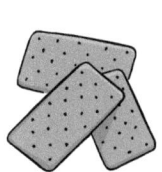

ψωμάκι

לחמנייה

ψωμί

לחם

τοστ

טוסט

μπισκότα

עוגיות

βούτυρο

חמאה

τυρόπηγμα

גבינה לבנה

κέικ

עוגה

αυγό

ביצה

τηγανητό αυγό

ביצת עין

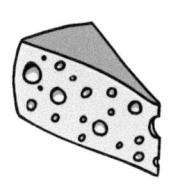

τυρί

גבינה

παγωτό

גלידה

ζάχαρη

סוכר

μέλι

דבש

μαρμελάδα

ריבה

άλλειμμα σοκολάτας

ממרח נוגט

κάρυ

קארי

αγρόκτημα

חווה

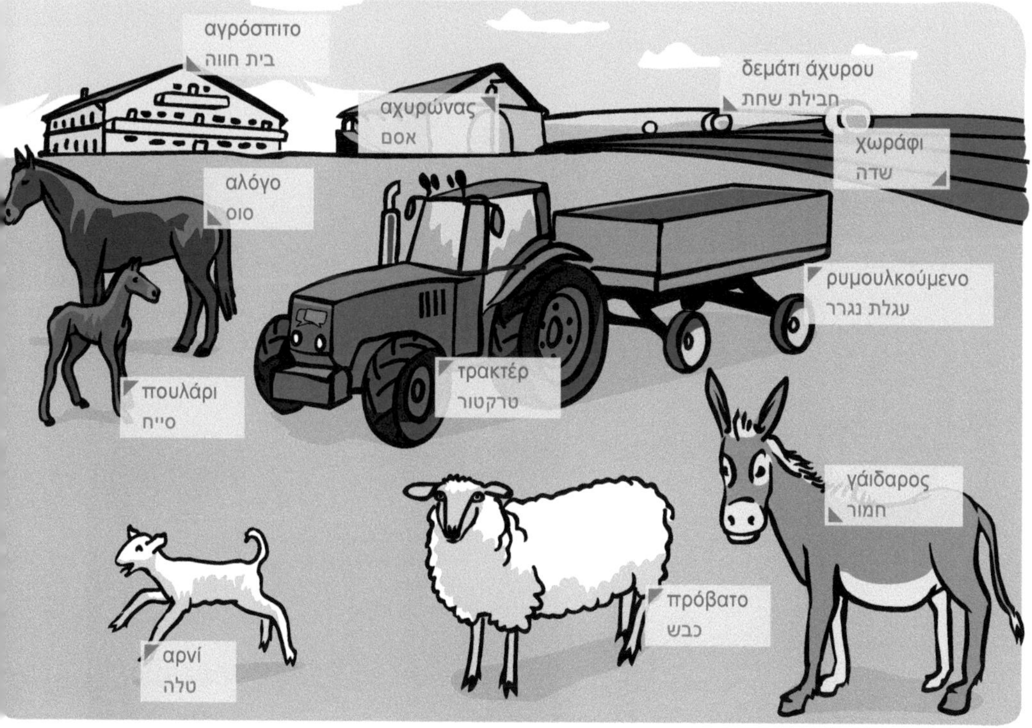

αγρόσπιτο
בית חווה
δεμάτι άχυρου
חבילת שחת
αχυρώνας
אסם
χωράφι
שדה
αλόγο
סוס
ρυμουλκούμενο
עגלת נגרר
πουλάρι
סייח
τρακτέρ
טרקטור
γάιδαρος
חמור
πρόβατο
כבש
αρνί
טלה

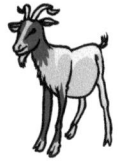

κατσίκα

עז

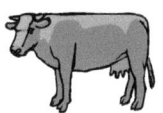

αγελάδα

פרה

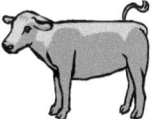

μοσχαράκι

עגל

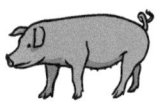

γουρούνι

חזיר

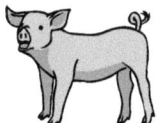

γουρουνάκι

חזרזיר

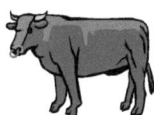

ταύρος

שור

χήνα

אווז

πάπια

ברווז

κοτοπουλάκι

אפרוח

κότα

תרנגולת

κόκορας

תרנגול

αρουραίος

חולדה

γάτα

חתול

ποντίκι

עכבר

βόδι

שור

σκύλος

כלב

σπιτάκι σκύλου

מלונה

λάστιχο κήπου

צינור השקיה

ποτιστήρι

קנקן מים

θεριστήρι

חרמש

αλέτρι

מחרשה

δρεπάνι

מגל

τσάπα

מגרפה

δίκρανο

קלשון

τσεκούρι

גרזן

χειράμαξα

מריצה

ταΐστρα

שוקת

δοχείο γάλακτος

כד חלב

σάκος

שק

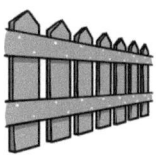

φράχτης

גדר

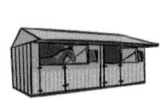

στάβλος

אורווה

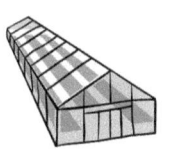

θερμοκήπιο

חממה

έδαφος

אדמה

σπόρος

זרע

λίπασμα

דשן

θεριζοαλωνιστική μηχανή

מקצרה

θερίζω

קצר

συγκομιδή

קציר

γιαμς

בטטה אפריקנית

σιτάρι

חיטה

σόγια

סויה

πατάτα

תפוח אדמה

καλαμπόκι

תירס

κράμβη

קנולה

οπωροφόρο δέντρο

עץ פירות

μανιόκα

קסבה

δημητριακά

דגנים

σπίτι
בית

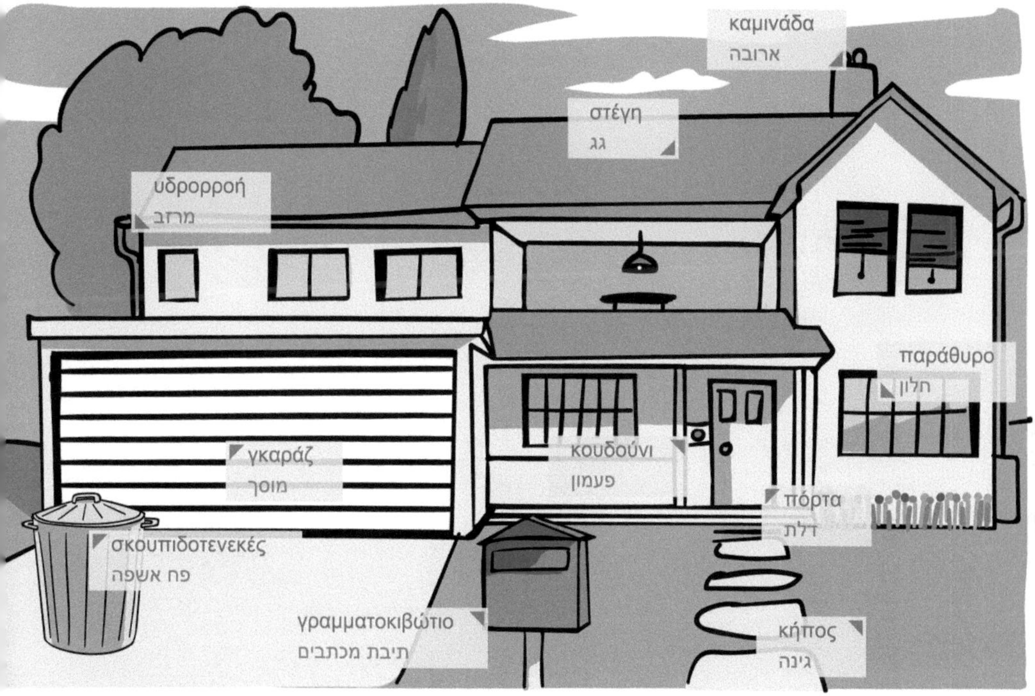

καμινάδα
ארובה
στέγη
גג
υδρορροή
מרזב
παράθυρο
חלון
γκαράζ
מוסך
κουδούνι
פעמון
πόρτα
דלת
σκουπιδοτενεκές
פח אשפה
γραμματοκιβώτιο
תיבת מכתבים
κήπος
גינה

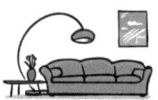

σαλόνι

סלון

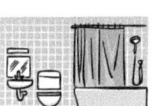

μπάνιο

חדר אמבטיה

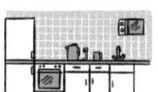

κουζίνα

מטבח

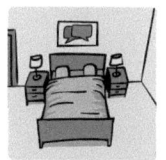

υπνοδωμάτιο

חדר שינה

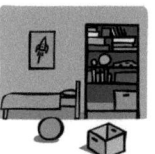

παιδικό δωμάτιο

חדר ילדים

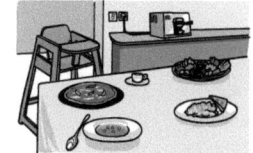

τραπεζαρία

חדר אוכל

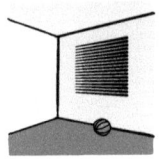

πάτωμα

רצפה

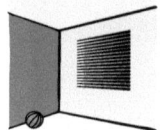

τοίχος

קיר

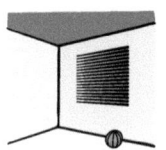

οροφή

תקרה

κελάρι

מרתף

σάουνα

סאונה

μπαλκόνι

מרפסת

βεράντα

מרפסת

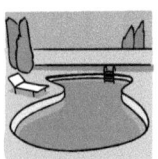

πισίνα

בריכה

μηχανή του γκαζόν

מכסחת דשא

σεντόνι

סדין

κάλυμμα κρεβατιού

כיסוי מיטה

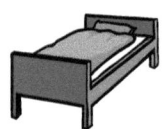

κρεβάτι

מיטה

σκούπα

מטאטא

κουβάς

דלי

διακόπτης

מפסק

σαλόνι
סלון

ταπετσαρία
טפט
φωτογραφία
תמונה
λάμπα
מנורה
ράφι
מדף
ντουλάπι
ארון
τηλεόραση
טלוויזיה
τζάκι
אח
λουλούδι
פרח
μαξιλάρι
כרית
καναπές
ספה
βάζο
אגרטל
τηλεκοντρόλ
שלט רחוק

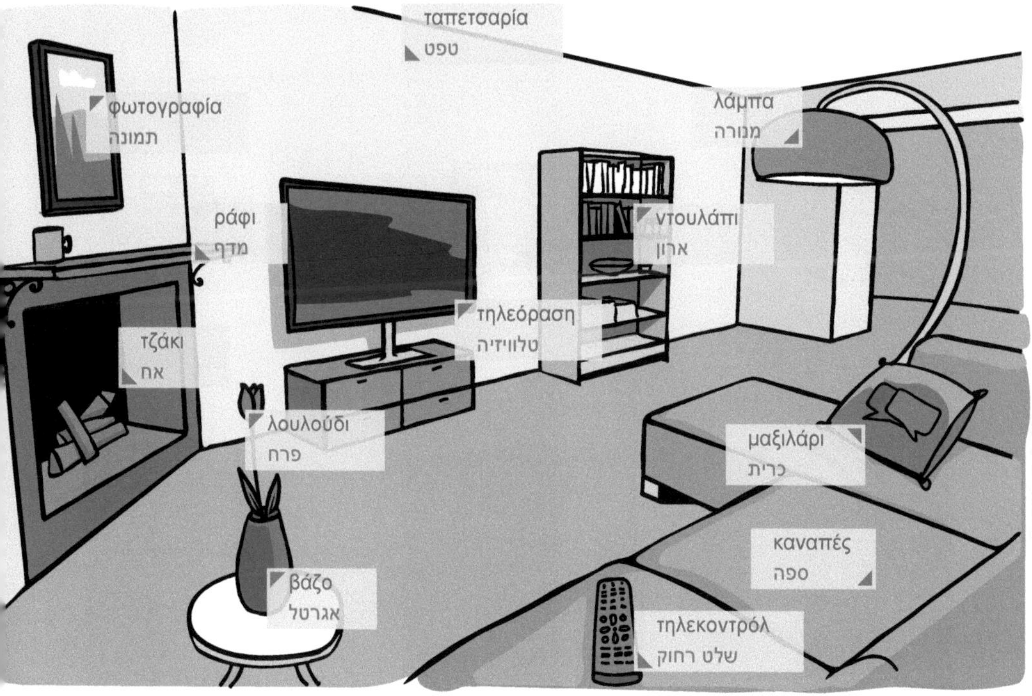

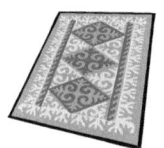

χαλί

שטיח

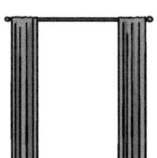

κουρτίνα

וילון

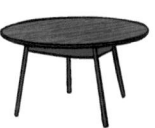

τραπέζι

שולחן

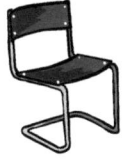

καρέκλα

כסא

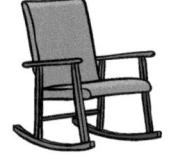

κουνιστή πολυθρόνα

כיסא נדנדה

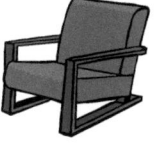

πολυθρόνα

כורסה

βιβλίο

ספר

κουβέρτα

שמיכה

διακόσμηση

דקורציה

καυσόξυλα

עצי הסקה

ταινία

סרט

στερεοφωνικό σύστημα

מערכת סטריאו

κλειδί

מפתח

εφημερίδα

עיתון

πίνακας ζωγραφικής

ציור

αφίσα

פוסטר

ραδιόφωνο

רדיו

σημειωματάριο

מחברת

ηλεκτρική σκούπα

שואב אבק

κάκτος

קקטוס

κερί

נר

κουζίνα
מטבח

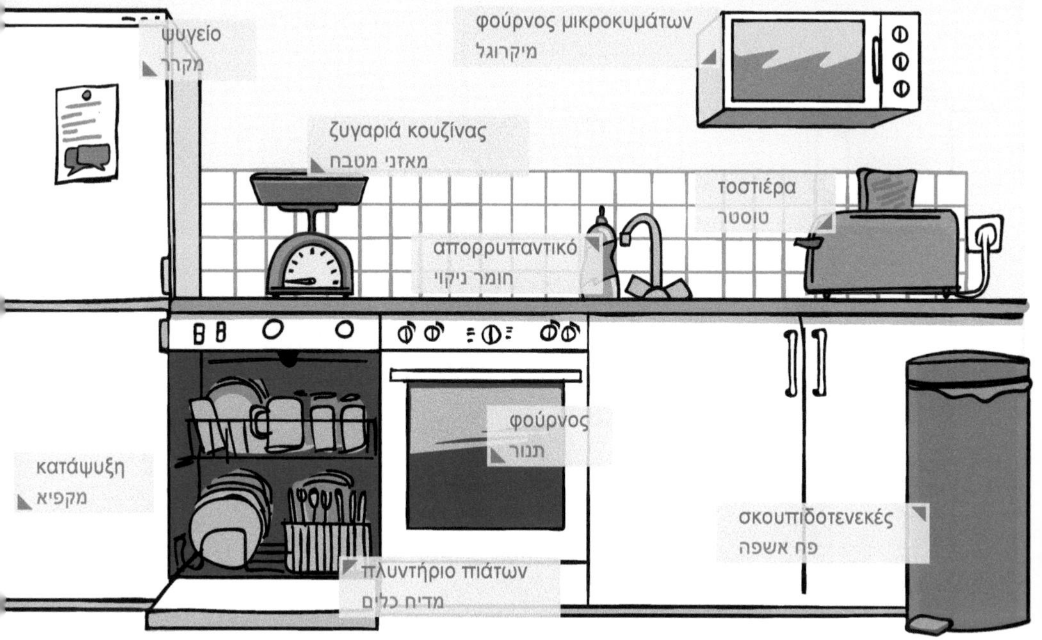

ψυγείο
מקרר
φούρνος μικροκυμάτων
מיקרוגל
ζυγαριά κουζίνας
מאזני מטבח
τοστιέρα
טוסטר
απορρυπαντικό
חומר ניקוי
φούρνος
תנור
κατάψυξη
מקפיא
σκουπιδοτενεκές
פח אשפה
πλυντήριο πιάτων
מדיח כלים

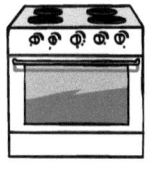

κουζίνα
תנור

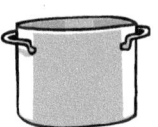

κατσαρόλα
סיר

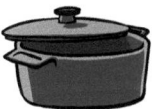

μαντεμένια κατσαρόλα
סיר ברזל

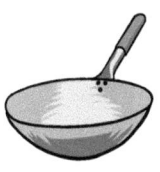

γουόκ/καντάι
ווק

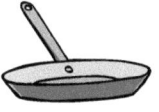

τηγάνι
מחבת

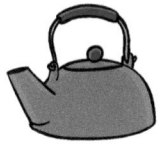

βραστήρας
קומקום חשמלי

ατμομάγειρας

מאדה

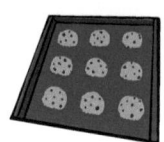

ταψί

מגש אפייה

πιατικά

כלי אוכל

κούπα

ספל

μπολ

קערה

ξυλάκια

צ'ופסטיקס

κουτάλα

מצקת

σπάτουλα

מרית

ανακατεύω

מטרפה

σουρωτήρι

מסננת בישול

σουρωτηράκι

מסננת

τρίφτης

מגרדת

γουδί

מכתש

ψησταριά

גריל

ανοιχτή φωτιά

מדורה

σανίδα κοπής

קרש חיתוך

πλάστης

מערוך

ανοιχτήρι φελλών

פותחן פקקים

κονσέρβα

פחית

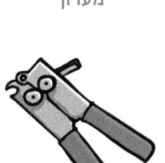

ανοιχτήρι κονσέρβας

פותחן קופסאות

γάντι φούρνου

מטלית

νεροχύτης

כיור

βούρτσα

מברשת

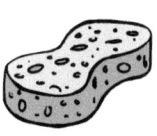

σφουγγάρι

ספוג

μπλέντερ

בלנדר

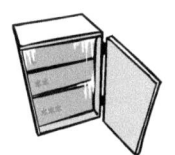

καταψύκτης

מקפיא

μπιμπερό

בקבוק לתינוק

βρύση

ברז

μπάνιο

חדר אמבטיה

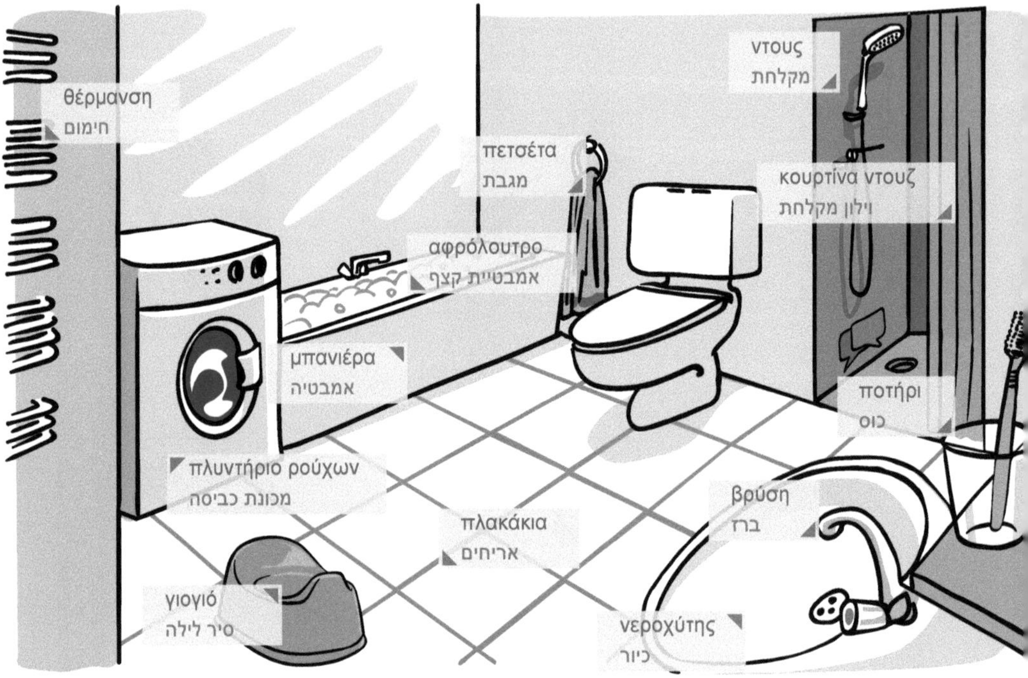

ντους
מקלחת
θέρμανση
חימום
πετσέτα
מגבת
κουρτίνα ντους
וילון מקלחת
αφρόλουτρο
אמבטיית קצף
μπανιέρα
אמבטיה
ποτήρι
כוס
πλυντήριο ρούχων
מכונת כביסה
βρύση
ברז
πλακάκια
אריחים
γιογιό
סיר לילה
νεροχύτης
כיור

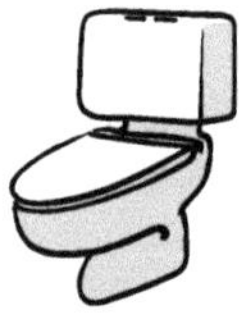

τουαλέτα

אסלה

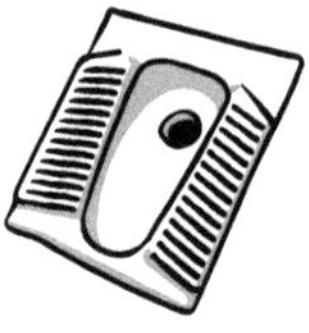

τούρκικη τουαλέτα

אסלת כריעה

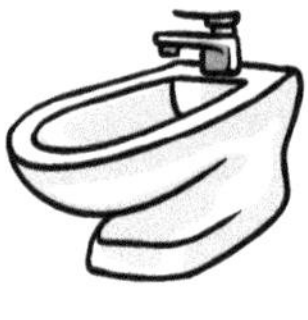

μπιντές

בידה

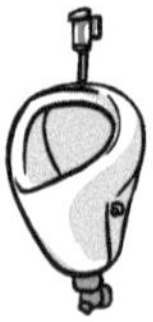

ουρητήριο

משתנה

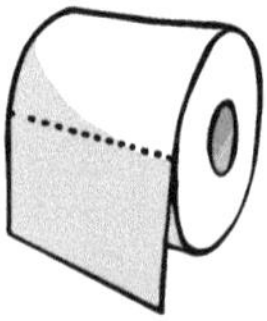

χαρτί υγείας

נייר טואלט

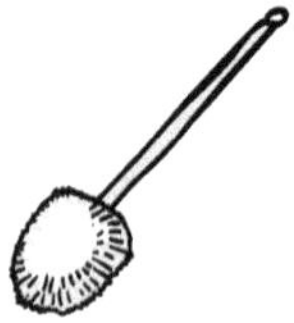

πιγκάλ

מברשת אסלה

οδοντόβουρτσα

מברשת שיניים

οδοντόκρεμα

משחת שיניים

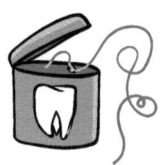

οδοντικό νήμα

חוט דנטלי

πλένω

שטף

τηλέφωνο ντους

מקלחת יד

ντουσιέρα

צינור שטיפה לשירותים

λεκάνη

קערת רחצה

βούρτσα πλάτης

מברשת גב

σαπούνι

סבון

αφρόλουτρο

ג'ל רחצה

σαμπουάν

שמפו

φανέλα

ליפה

σιφόνι

ניקוז

κρέμα

קרם

αποσμητικό

דיאודורנט

καθρέφτης

מראה

καθρέφτης χειρός

מראת יד

αφρός ξυρίσματος

קצף גילוח

αφτερσέιβ

אפטרשייב

ξυραφάκι

סכין גילוח

χτένα

מסרק

βούρτσα

מברשת

σεσουάρ

מייבש שיער

λακ

ספריי לשיער

μακιγιάζ

איפור

κραγιόν

שפתון

βερνίκι νυχιών

לק

βαμβάκι

צמר גפן

ψαλίδι νυχιών

מספריים לציפורניים

άρωμα

בושם

νεσεσέρ

תיק כלי רחצה

σκαμπό

שרפרף

ζυγαριά

משקל

μπουρνούζι

חלוק רחצה

ελαστικά γάντια

כפפות גומי

ταμπόν

טמפון

πετσέτα υγιεινής

תחבושת סניטרית

χημική τουαλέτα

שירותים כימיקליים

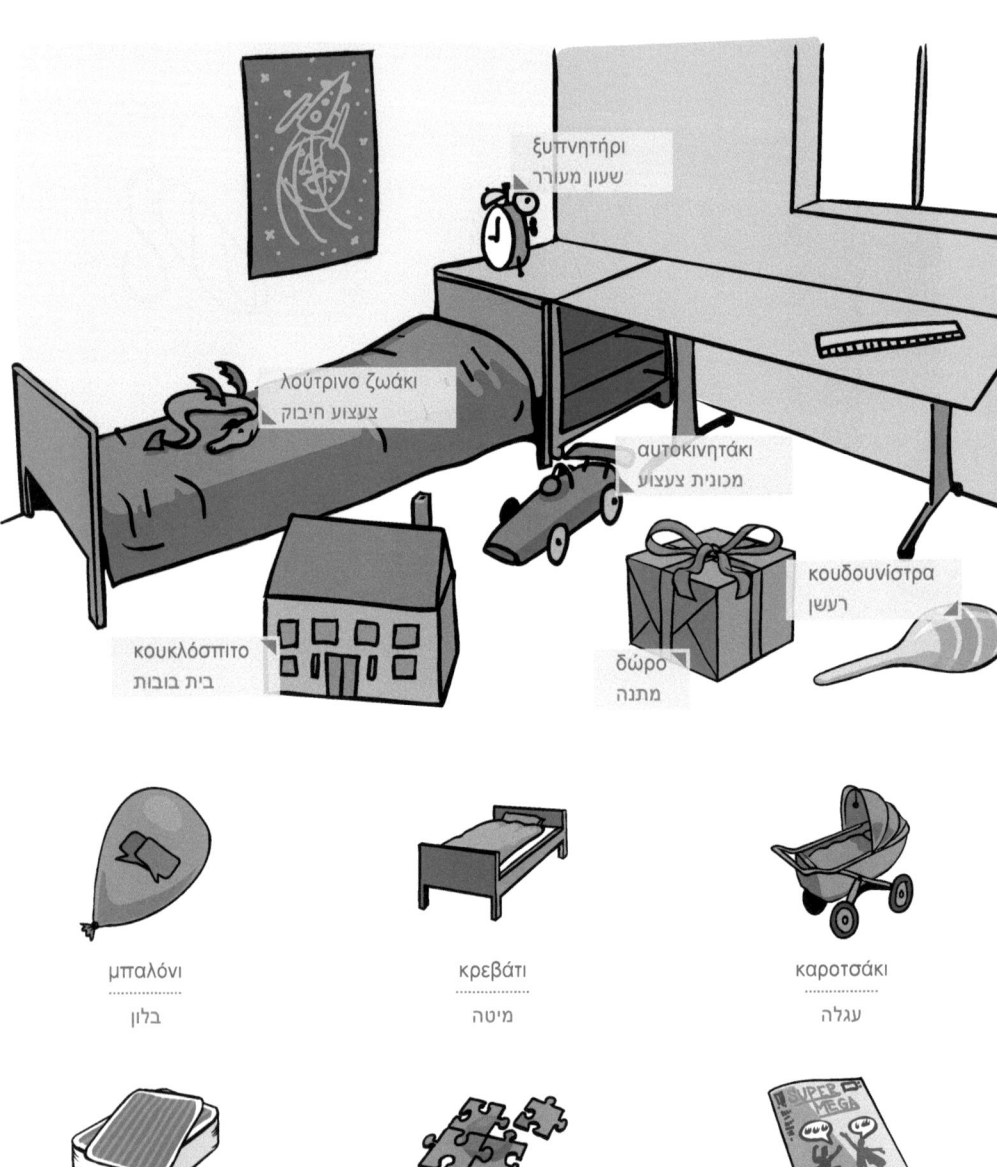

ξυπνητήρι
שעון מעורר

λούτρινο ζωάκι
צעצוע חיבוק

αυτοκινητάκι
מכונית צעצוע

κουδουνίστρα
רעשן

κουκλόσπιτο
בית בובות

δώρο
מתנה

μπαλόνι

בלון

κρεβάτι

מיטה

καροτσάκι

עגלה

τράπουλα

משחק קלפים

παζλ

פאזל

κόμικς

קומיקס

τουβλάκια lego

לגו

τουβλάκια κατασκευών

קוביות משחק

φιγούρα δράσης

דמות משחק

βρεφικό φορμάκι

סרבל תינוקות

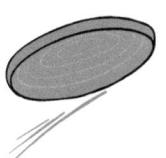

φρίσμπι

פריזבי

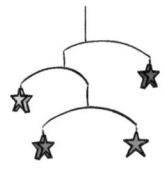

μόμπιλο

נייד

επιτραπέζιο παιχνίδι

משחק לוח

ζάρια

קובייה

σετ τρενάκι

רכבת צעצוע

πιπίλα

מוצץ

πάρτι

מסיבה

εικονογραφημένο βιβλίο

אלבום תמונות

μπάλα

כדור

κούκλα

בובה

παίζω

שיחק

σκάμμα με άμμο

ארגז חול

κούνια

נדנדה

παιχνίδια

צעצועים

κονσόλα βιντεοπαιχνιδιών

קונסולת משחקים

τρίκυκλο

אופניים תלת גלגלי

αρκουδάκι

דובון

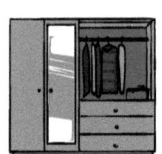

ντουλάπα

ארון בגדים

ρούχα
בגדים

κάλτσες

גרביים

καλτσοδέτες

גרביונים

καλσόν

גרביון

κασκόλ
צעיף

ομπρέλα
מטריה

μπλουζάκι
חולצת טי

ζώνη
חגורה

μπότες
מגפיים

παντόφλες
נעלי בית

αθλητικά παπούτσια
נעלי ספורט

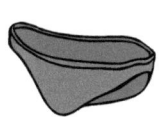

σανδάλια
....
סנדלים

παπούτσια
....
נעליים

γαλότσες
....
מגפי גומי

εσώρουχο
....
תחתונים

σουτιέν
....
חזייה

φανέλα
....
גופייה

σώμα

גוף

παντελόνι

מכנסיים

τζιν παντελόνι

ג'ינס

φούστα

חצאית

μπλούζα

חולצה מכופתרת

πουκάμισο

חולצה

πουλόβερ

אפודה

πουλόβερ

סווצ'ר עם קפוצ'ון

σακάκι

בלייזר

μπουφάν

ז'קט

παλτό

מעיל

αδιάβροχο πανωφόρι

מעיל גשם

κοστούμι

תלבושת

φόρεμα

שמלה

νυφικό

שמלת כלה

κοστούμι

חליפה

νυχτικό

כותונת לילה

πιτζάμες

פיג'מה

σάρι

סארי

μαντήλι

מטפחת ראש

τουρμπάνι

טורבן

μπούρκα

בורקה

καφτάνι

קאפטן

μουσουλμανικό ένδυμα

עבאיה

ολόσωμο μαγιό

בגד ים

ανδρικό μαγιό

בגד ים

σορτς

מכנסיים קצרים

αθλητική φόρμα

בגד אימון

ποδιά

סינר

γάντια

כפפות

κουμπί

כפתור

γυαλιά

משקפיים

βραχιόλι

צמיד יד

περιδέραιο

שרשרת

δαχτυλίδι

טבעת

σκουλαρίκι

עגיל

καπέλο

כובע

κρεμάστρα

קולב

καπέλο

כובע

γραβάτα

עניבה

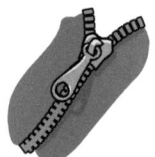

φερμουάρ

רוכסן

κράνος

קסדה

τιράντες

כתפיות

μαθητική στολή

תלבושת בית ספר

στολή

מדים

σαλιάρα

מפית אוכל

πιπίλα

מוצץ

πάνα

חיתול

γραφείο
משרד

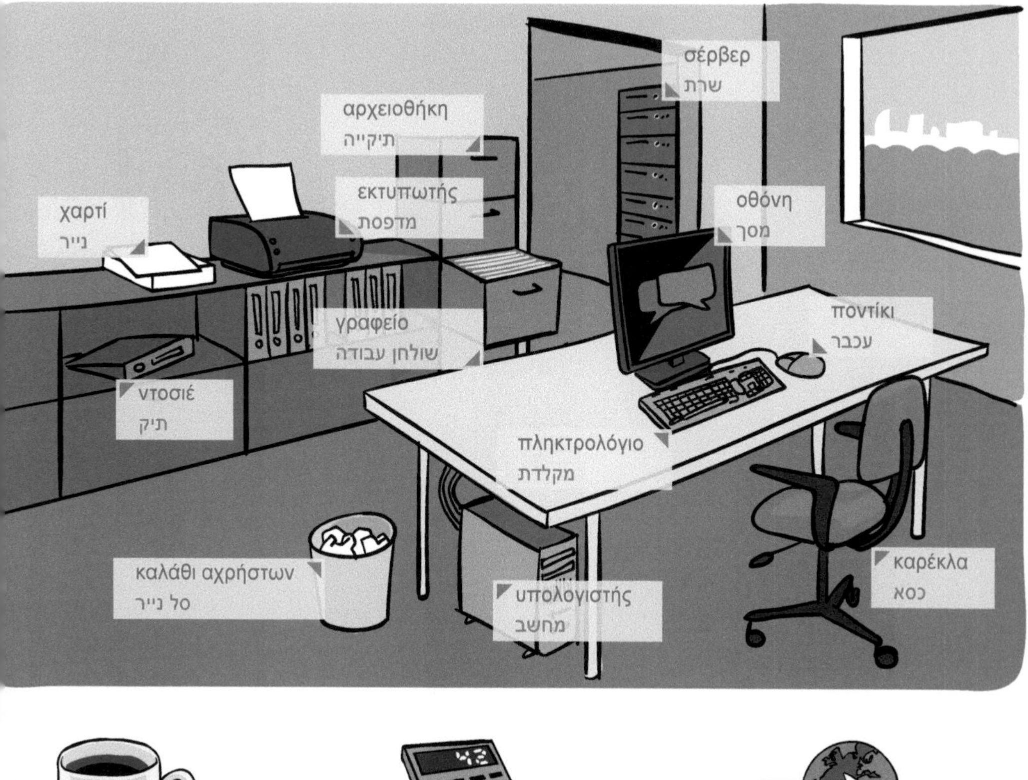

σέρβερ

שרת

αρχειοθήκη

תיקייה

εκτυπωτής

מדפסת

οθόνη

מסך

χαρτί

נייר

ποντίκι

עכבר

γραφείο

שולחן עבודה

ντοσιέ

תיק

πληκτρολόγιο

מקלדת

καλάθι αχρήστων

סל נייר

υπολογιστής

מחשב

καρέκλα

כסא

κούπα του καφέ

ספל קפה

κομπιουτεράκι

מחשבון

ίντερνετ

אינטרנט

λάπτοπ

מחשב נייד

γράμμα

מכתב

μήνυμα

הודעה

κινητό

נייד

δίκτυο

רשת

φωτοτυπικό μηχάνημα

מכונת צילום

λογισμικό

תוכנה

τηλέφωνο

טלפון

πρίζα

שקע

συσκευή φαξ

פקס

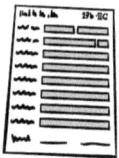

έντυπο

טופס

έγγραφο

מסמך

αγοράζω
קנה

πληρώνω
שילם

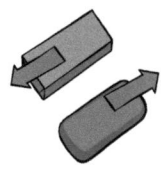

συναλλάσσομαι
סחר

χρήματα
כסף

δολάριο
דולר

ευρώ
יורו

γιεν
ין

ρούβλι
רובל

ελβετικό φράγκο
פרנק שווייצרי

ρενμίνμπι γιουάν
יואן רנמינבי

ρουπία
רופי

ATM (αυτόματη ταμειακή μηχανή)
כספומט

ανταλλακτήρια
συναλλάγματος

המרת מטבע

χρυσός

זהב

ασήμι

כסף

πετρέλαιο

נפט

ενέργεια

אנרגיה

τιμή

מחיר

συμβόλαιο

חוזה

φόρος

מס

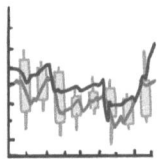

μετοχή

מנייה

δουλεύω

עבד

υπάλληλος

עובד

εργοδότης

מעסיק

εργοστάσιο

מפעל

κατάστημα

חנות

επαγγέλματα

מקצועות

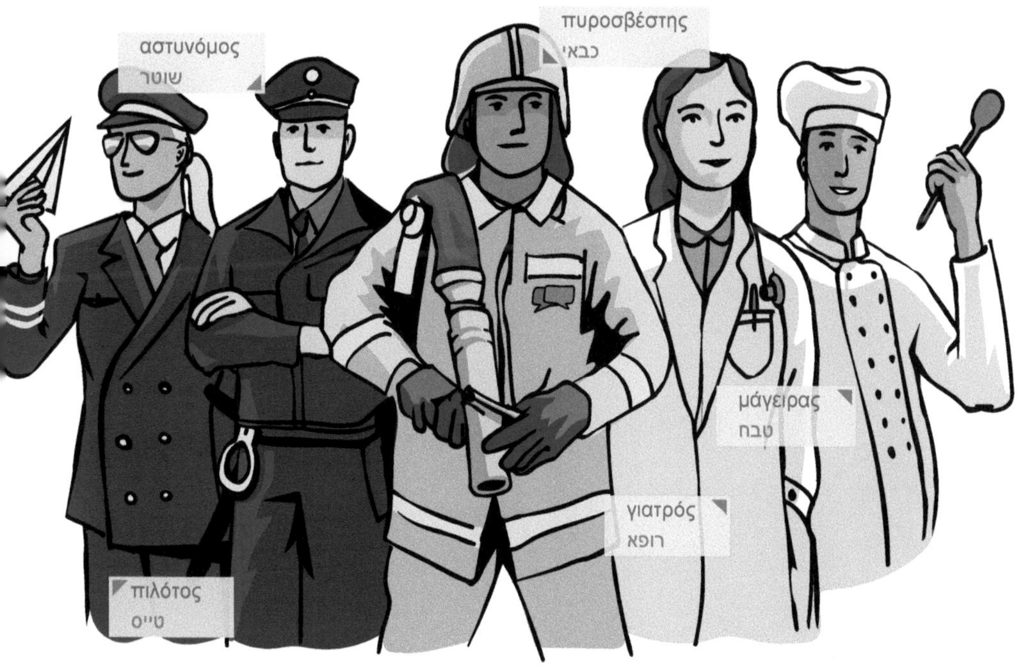

αστυνόμος
שוטר
πυροσβέστης
כבאי
μάγειρας
טבח
γιατρός
רופא
πιλότος
טייס

κηπουρός

גנן

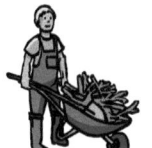

ξυλουργός

נגר

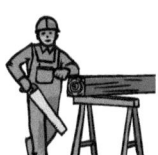

μοδίστρα

תופרת

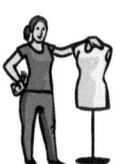

δικαστής

שופט

χημικός

כימאי

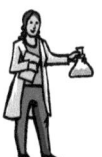

ηθοποιός

שחקן

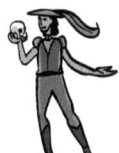

οδηγός λεωφορείου

נהג אוטובוס

ταξιτζής

נהג מונית

ψαράς

דייג

καθαρίστρια

עובדת ניקיון

τεχνίτης στεγών

מתקן גגות

σερβιτόρος

מלצר

κυνηγός

צייד

ζωγράφος

צייר

αρτοποιός

אופה

ηλεκτρολόγος

חשמלאי

οικοδόμος

עובד בניין

μηχανολόγος

מהנדס

κρεοπώλης

קצב

υδραυλικός

אינסטלטור

ταχυδρόμος

דוור

στρατιώτης

חייל

αρχιτέκτονας

אדריכל

ταμίας

קופאי

ανθοπώλης

מוכר פרחים

κομμωτής

ספר

ελεγκτής εισιτηρίων

כרטיסן

μηχανικός

מכונאי

καπετάνιος

קברניט

οδοντίατρος

רופא שיניים

επιστήμονας

מדען

ραβίνος

רב

ιμάμης

אימאם

μοναχός

נזיר

ιερέας

כומר

εργαλεία
כלי עבודה

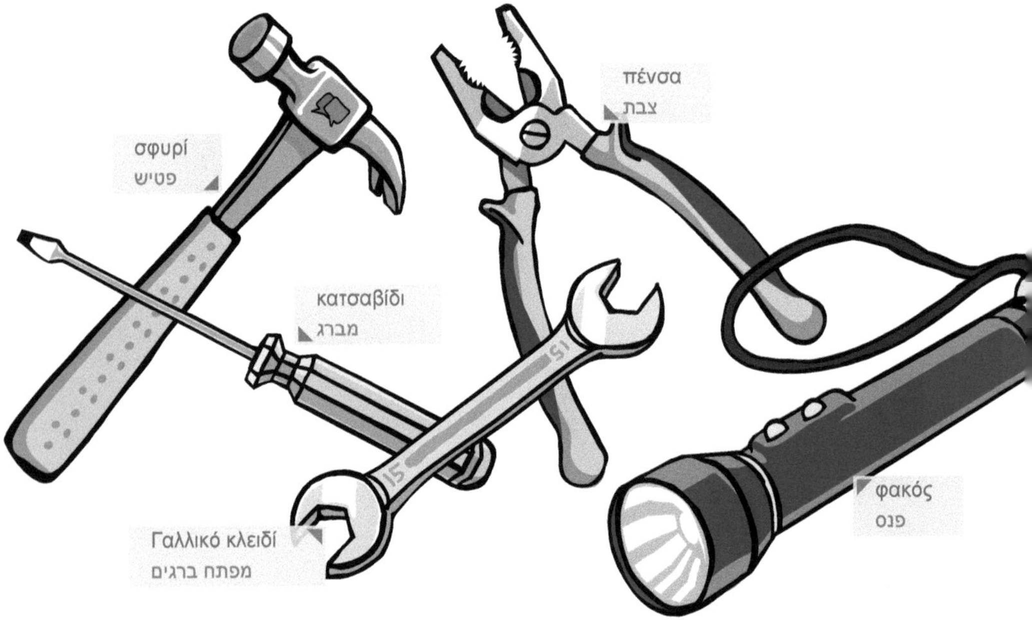
πένσα
צבת
σφυρί
פטיש
κατσαβίδι
מברג
φακός
פנס
Γαλλικό κλειδί
מפתח ברגים

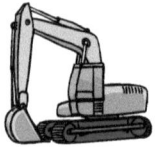

εκσκαφέας

דחפור

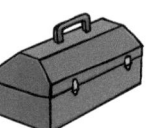

εργαλειοθήκη

ארגז כלים

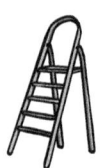

σκάλα

סולם

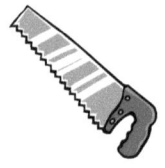

πριόνι

מסור

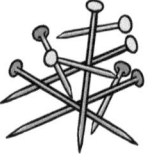

καρφιά

מסמרים

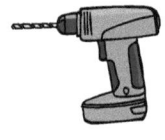

τρυπάνι

מקדחה

επισκευάζω

תיקון

φτυάρι

את חפירה

Να πάρει!

לעזאזל!

φαράσι

יעה

δοχείο χρωμάτων

פח צבע

βίδες

ברגים

μουσικά όργανα
כלי נגינה

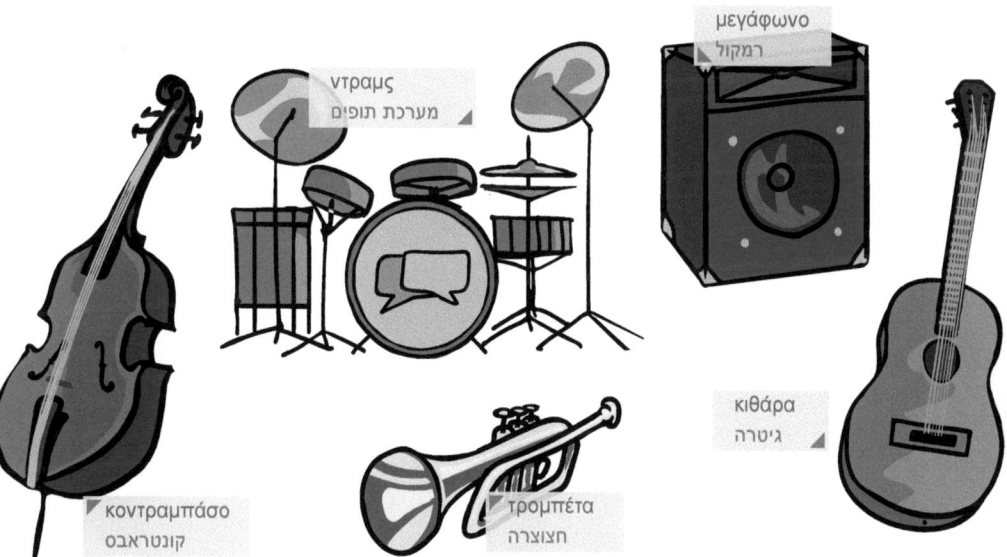

μεγάφωνο
רמקול

ντραμς
מערכת תופים

κιθάρα
גיטרה

κοντραμπάσο
קונטראבס

τρομπέτα
חצוצרה

πιάνο

פסנתר

βιολί

כינור

μπάσο

בס

τύμπανα

תוף הדוד

τύμπανο

תופים

πλήκτρα

מקלדת פסנתר

σαξόφωνο

סקסופון

φλάουτο

חליל

μικρόφωνο

מיקרופון

ζωολογικός κήπος
גן חיות

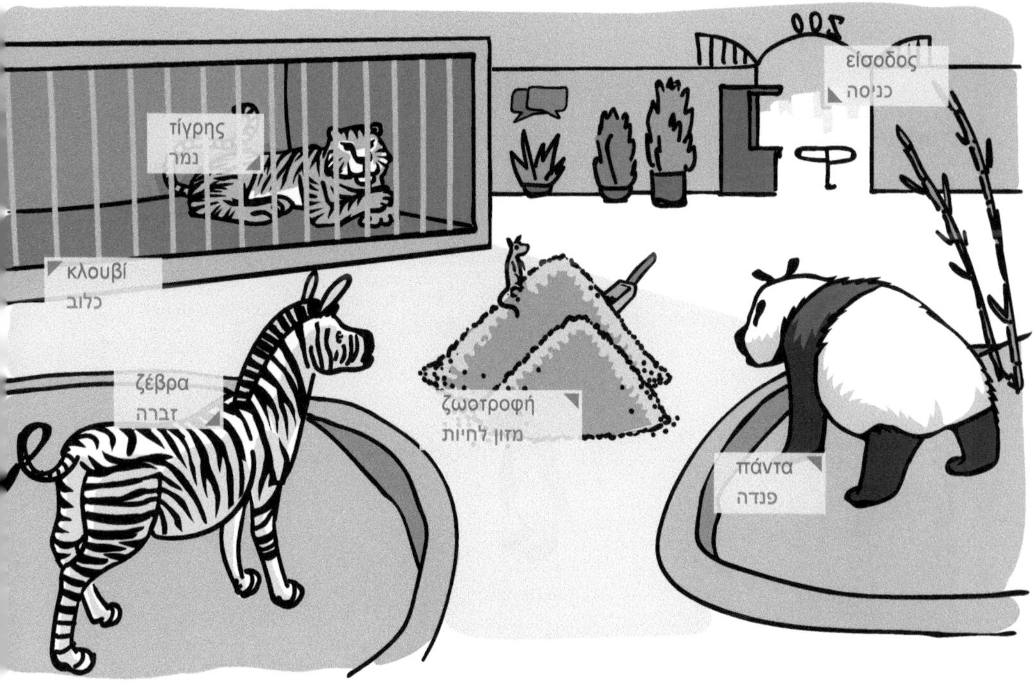

zoo
είσοδος
כניסה
τίγρης
נמר
κλουβί
כלוב
ζέβρα
זברה
ζωοτροφή
מזון לחיות
πάντα
פנדה

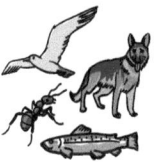

ζώα
בעלי חיים

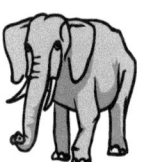

ελέφαντας
פיל

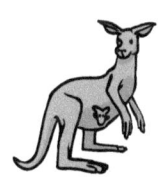

καγκουρό
קנגרו

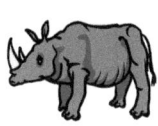

ρινόκερος
קרנף

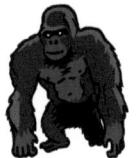

γορίλας
גורילה

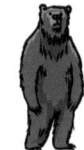

αρκούδα
דוב

καμήλα

גמל

στρουθοκάμηλος

יען

λιοντάρι

אריה

πίθηκος

קוף

φλαμίνγκο

פלמינגו

παπαγάλος

תוכי

πολική αρκούδα

דוב הקרח

πιγκουίνος

פינגווין

καρχαρίας

כריש

παγώνι

טווס

φίδι

נחש

κροκόδειλος

תנין

φύλακας ζωολογικού κήπου

שומר גן החיות

φώκια

כלב ים

τζάγκουαρ

יגואר

πόνυ

סוס פוני

λεοπάρδαλη

לאופרד

ιπποπόταμος

היפופוטאם

καμηλοπάρδαλη

ג'ירפה

αετός

נשר

αγριογούρουνο

חזיר בר

ψάρι

דג

χελώνα

צב

θαλάσσιος ίππος

סוס ים

αλεπού

שועל

γαζέλα

איילה

Αμερικάνικο ποδόσφαιρο
פוטבול אמריקאי

ποδηλασία
רכיבת אופניים

αντισφαίριση
טניס

μπάσκετ
כדורסל

κολύμβηση
שחיה

πυγχαμία
אגרוף

χόκεϊ επί πάγου
הוקי

ποδόσφαιρο
כדורגל

μπάντμιντον
בדמינטון

στίβος
אתלטיקה

χάντμπολ
כדור-יד

σκι
עשה סקי

πόλο
פולו

δραστηριότητες

פעילויות

γελάω
צחק
πηδάω
קפץ
αγκαλιάζω
חיבק
περπατάω
הלך
τραγουδάω
שר
ονειρεύομαι
חלם
προσεύχομαι
התפלל
φιλάω
נשק

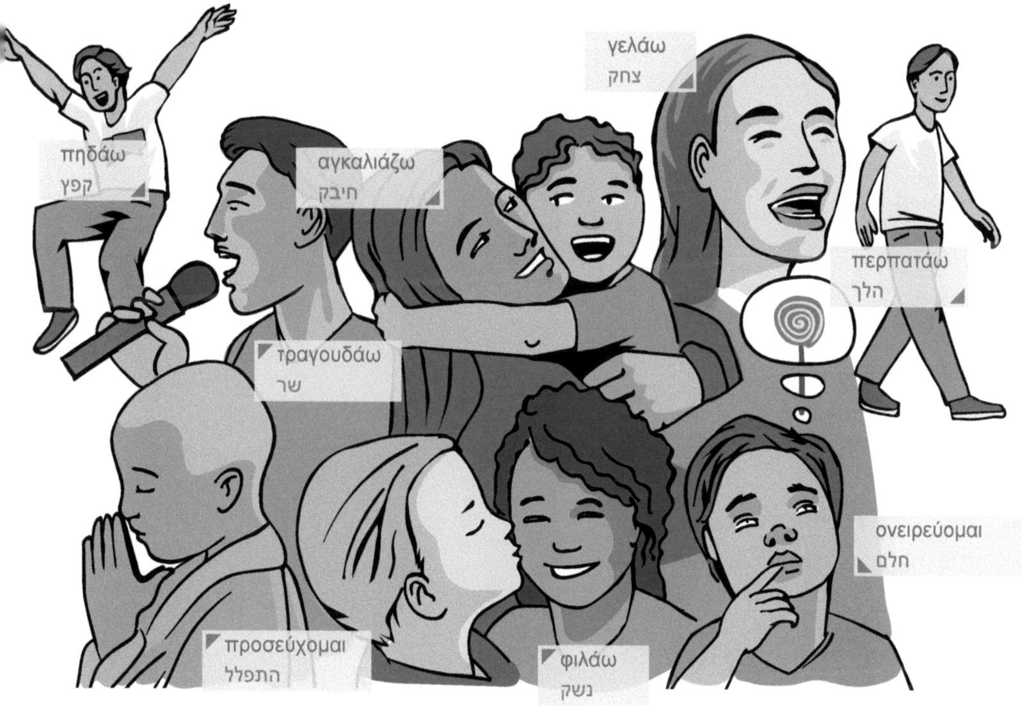

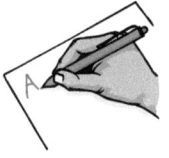

γράφω

כתב

σχεδιάζω

צייר

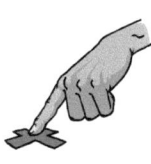

δείχνω

הראה

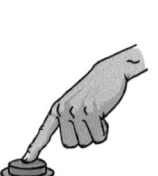

πιέζω

דחף

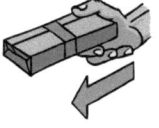

δίνω

נתן

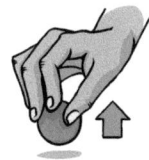

παίρνω

לקח

έχω

יש / להיות הבעלים

κάνω

עשה

είμαι

היה

στέκομαι

עמד

τρέχω

רץ

τραβάω

משך

ρίχνω

זרק

πέφτω

נפל

ξαπλώνω

שכב

περιμένω

חיכה

κουβαλώ

סחב

κάθομαι

ישב

φοράω

התלבש

κοιμάμαι

ישן

ξυπνάω

התעורר

κοιτάω

הסתכל ב-

κλαίω

בכה

χαϊδεύω

ליטף

χτενίζω

סירק

μιλάω

דיבר

καταλαβαίνω

הבין

ρωτάω

שאל

ακούω

שמע

πίνω

שתה

τρώω

אכל

συγυρίζω

סידר

αγαπάω

אהב

μαγειρεύω

בישל

οδηγώ

נהג

πετάω

עף

κάνω ιστιοπλοΐα

שט

υπολογίζω

חישב

διαβάζω

קרא

μαθαίνω

למד

δουλεύω

עבד

παντρεύομαι

התחתן

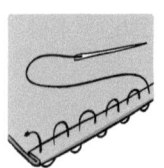

ράβω

תפר

βουρτσίζω τα δόντια

ציחצח שיניים

σκοτώνω

הרג

καπνίζω

עישן

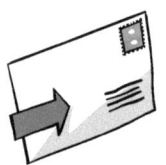

στέλνω

שלח

οικογένεια

משפחה

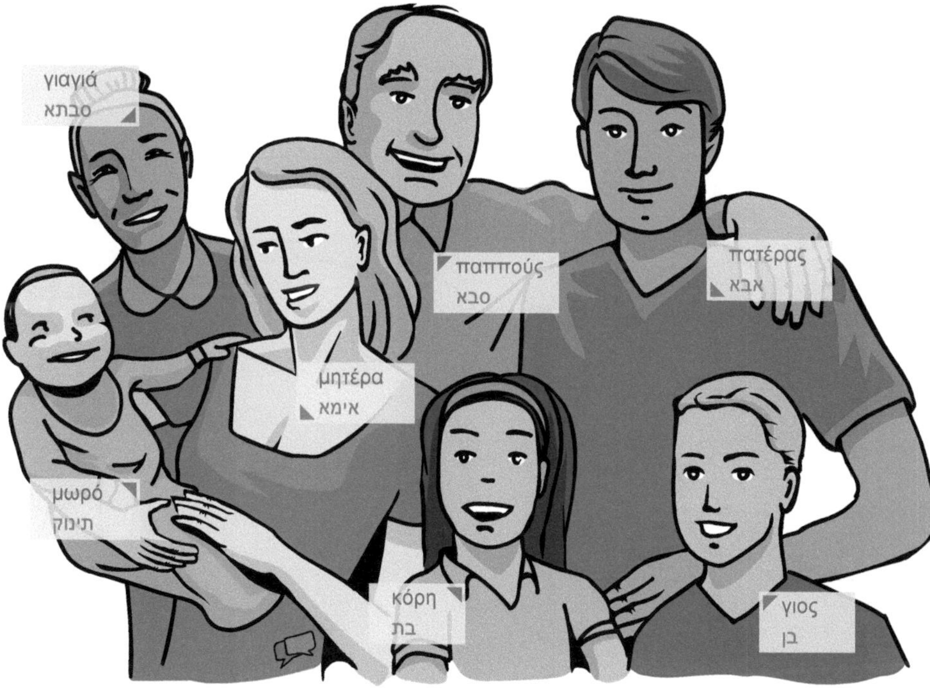

γιαγιά
סבתא
παππούς
סבא
πατέρας
אבא
μητέρα
אימא
μωρό
תינוק
κόρη
בת
γιος
בן

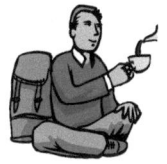

καλεσμένος
אורח

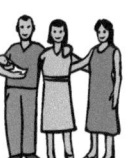

θεία
דודה

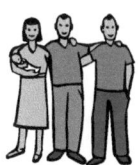

θείος
דוד

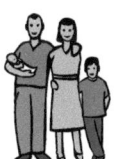

αδελφός
אח

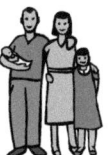

αδελφή
אחות

σώμα

גוף

μέτωπο
מצח
μάτι
עין
ώμος
כתף
δάχτυλο
אצבע
πρόσωπο
פנים
πιγούνι
סנטר
χέρι
כף יד
πόδι
רגל
στήθος
חזה
βραχίονας
זרוע

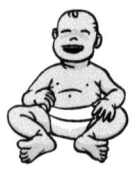

μωρό

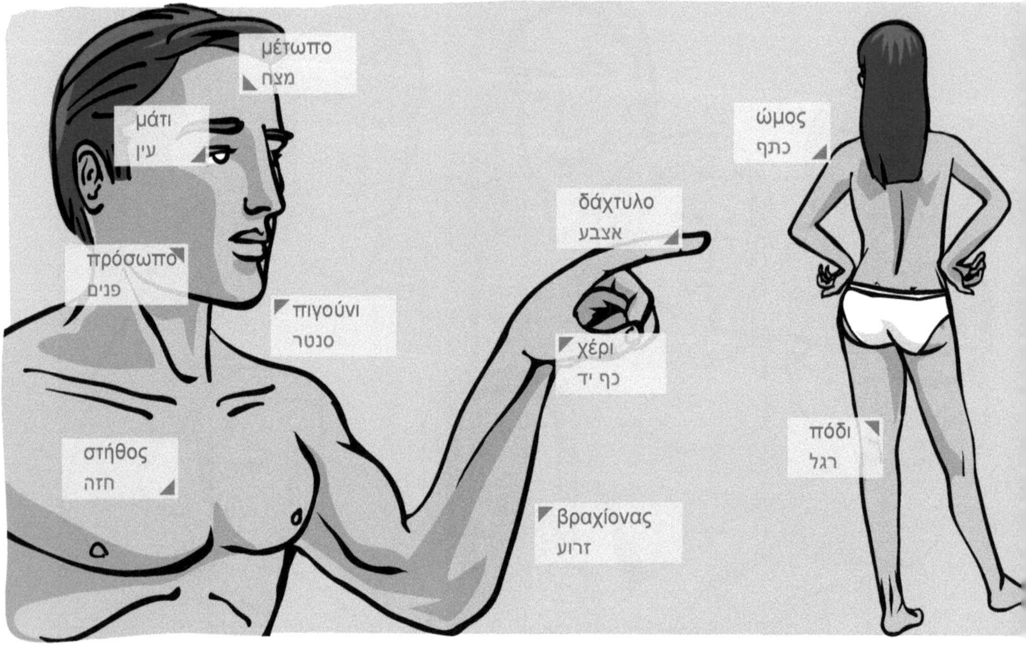

תינוק

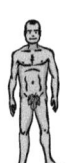

άνδρας

איש

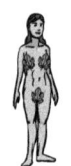

γυναίκα

אישה

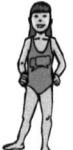

κορίτσι

ילדה

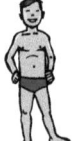

αγόρι

ילד

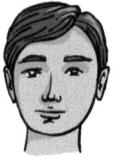

κεφάλι

ראש

πλάτη	κοιλιά	αφαλός
גב	בטן	טבור
δάχτυλο ποδιού	φτέρνα	κόκκαλο
אצבע	עקב	עצם
γοφός	γόνατο	αγκώνας
ירך	ברך	מרפק
μύτη	γλουτός	δέρμα
אף	עכוז	עור
μάγουλο	αυτί	χείλος
לחי	אוזן	שפתיים

στόμα

פה

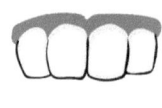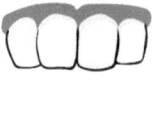

δόντι

שן

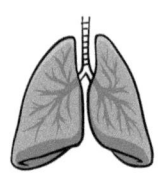

γλώσσα

לשון

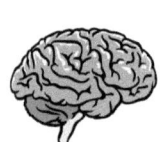

εγκέφαλος

מוח

καρδιά

לב

μυς

שריר

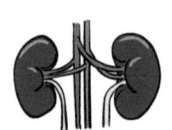

πνεύμονας

ריאה

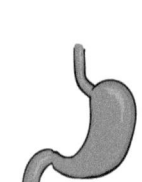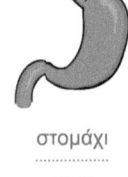

συκώτι

כבד

στομάχι

קיבה

νεφρά

כליות

σεξουαλική επαφή

מין

προφυλακτικό

קונדום

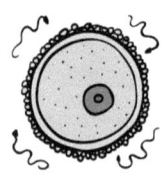

ωάριο

ביצית

σπέρμα

זרע

εγκυμοσύνη

הריון

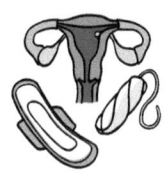

περίοδος
....
ווסת

γυναικείος κόλπος
....
נרתיק

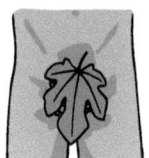

πέος
....
פין

φρύδι
....
גבה

μαλλιά
....
שיער

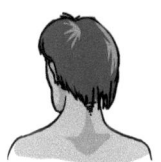

λαιμός
....
צוואר

σώμα - גוף   71

νοσοκομείο
בית חולים

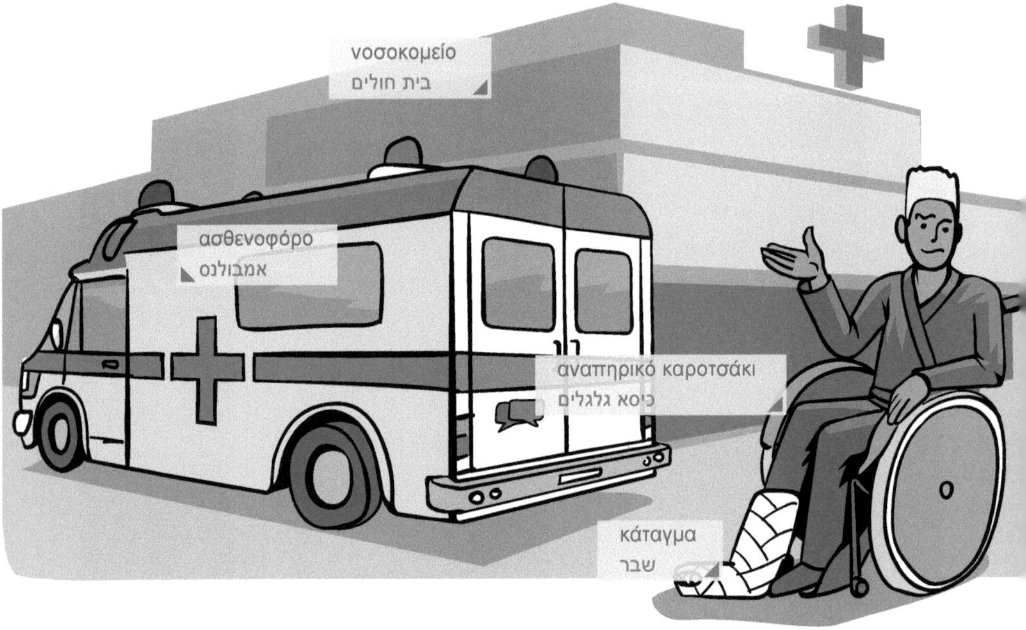

νοσοκομείο
בית חולים
ασθενοφόρο
אמבולנס
αναπηρικό καροτσάκι
כיסא גלגלים
κάταγμα
שבר

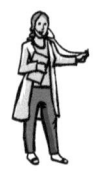

γιατρός

רופא

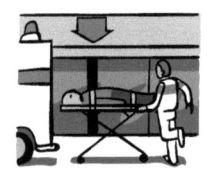

μονάδα εντατικής θεραπείας

חדר מיון

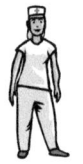

νοσοκόμα

אחות

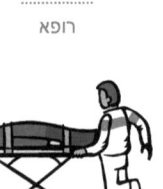

έκτακτη ανάγκη

חירום

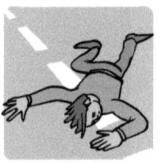

λιπόθυμος

חסר הכרה

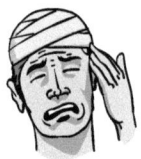

πόνος

כאב

τραύμα

פציעה

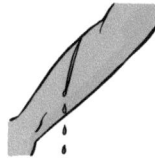

αιμορραγία

דימום

έμφραγμα

התקף לב

εγκεφαλικό

שבץ

αλλεργία

אלרגיה

βήχας

שיעול

πυρετός

חום

γρίπη

שפעת

διάρροια

שלשול

πονοκέφαλος

כאב ראש

καρκίνος

סרטן

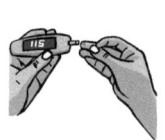

διαβήτης

סוכרת

χειρουργός

מנתח

νυστέρι

אזמל

εγχείρηση

ניתוח

αξονική τομογραφία

סי-טי

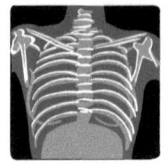

ακτινογραφία

רנטגן

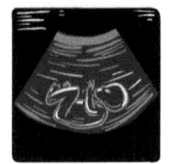

υπέρηχος

אולטרסאונד

μάσκα

מסיכת פנים

ασθένεια

מחלה

αίθουσα αναμονής

חדר המתנה

πατερίτσα

קבה

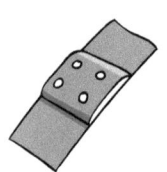

χάνσαπλαστ

פלסטר

επίδεσμος

תחבושת

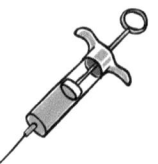

ένεση

זריקה

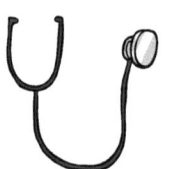

στηθοσκόπιο

סטטוסקופ

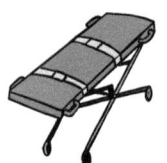

φορείο

אלונקה

θερμόμετρο

מד חום

γέννηση

לידה

υπέρβαρο

עודף משקל

ακουστικό βαρηκοΐας

מכשיר שמיעה

αντισηπτικό

מחטא

λοίμωξη

זיהום

ιός

נגיף

HIV/AIDS

איידס

φάρμακο

תרופה

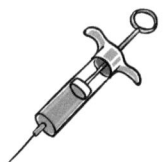

εμβολιασμός

חיסון

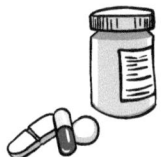

δισκία

טבליות

χάπι

גלולה

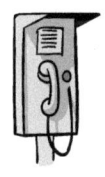

κλήση έκτακτης ανάγκης

קריאת חירום

πιεσόμετρο αίματος

מד לחץ דם

άρρωστος / υγιής

חולה / בריא

συναγερμός

אזעקה

βιαιοπραγία

פשיטה

επίθεση

תקיפה

κίνδυνος

סכנה

έξοδος κινδύνου

יציאת חירום

Βοήθεια!

הצילו!

Φωτιά!

אש!

πυροσβεστήρας

מטף כיבוי

ατύχημα

תאונה

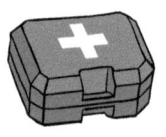

κουτί πρώτων βοηθειών

ערכת עזרה ראשונה

SOS

הצילו!

αστυνομία

משטרה

Ευρώπη

אירופה

Βόρεια Αμερική

צפון אמריקה

Νότια Αμερική

דרום אמריקה

Αφρική

אפריקה

Ασία

אסיה

Αυστραλία

אוסטרליה

Ατλαντικός Ωκεανός

האוקיינוס האטלנטי

Ειρηνικός Ωκεανός

האוקיינוס השקט

Ινδικός Ωκεανός

האוקיינוס ההודי

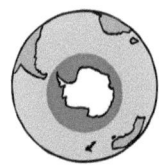

Ανταρκτικός Ωκεανός

האוקיינוס האנטרקטי

Αρκτικός Ωκεανός

האוקיינוס הארקטי

Βόρειος Πόλος

הקוטב הצפוני

Νότιος Πόλος
....
הקוטב הדרומי

Ανταρκτική
....
אנטארקטיקה

Γη
....
כדור הארץ

γη
....
אדמה

θάλασσα
....
ים

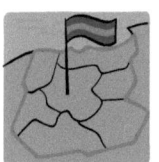

νησί
....
אי

έθνος
....
לאום

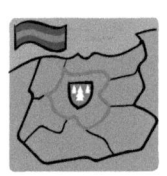

πολιτεία
....
מדינה

καντράν ρολογιού

פני השעון

ωροδείκτης

מחוג השעות

λεπτοδείκτης

מחוג הדקות

δείκτης δευτερολέπτων

מחוג השניות

Τι ώρα είναι;

מה השעה?

ημέρα

יום

χρόνος

זמן

τώρα

עכשיו

ψηφιακό ρολόι

שעון דיגיטלי

λεπτό

דקה

ώρα

שעה

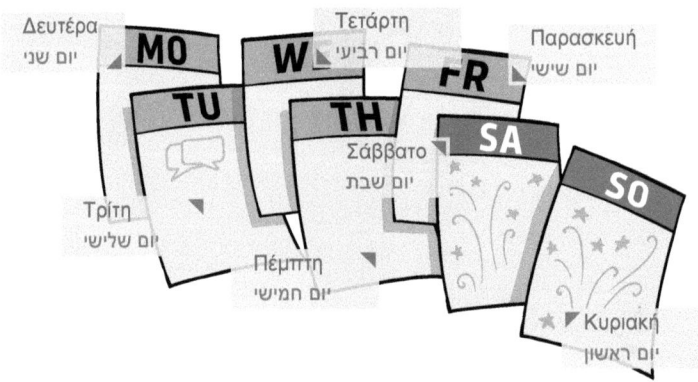

Δευτέρα · יום שני — MO
Τετάρτη · יום רביעי — W
Παρασκευή · יום שישי — FR
TU
TH
Σάββατο · יום שבת — SA
Τρίτη · יום שלישי
SO
Πέμπτη · יום חמישי
Κυριακή · יום ראשון

χθες
אתמול

σήμερα
היום

αύριο
מחר

πρωί
בוקר

μεσημέρι
צהריים

βράδυ
ערב

εργάσιμες ημέρες
ימי עבודה

Σαββατοκύριακο
סוף שבוע

έτος

שנה

βροχή
גשם
ουράνιο τόξο
קשת בענן
άνεμος
רוח
χιόνι
שלג
άνοιξη
אביב
φθινόπωρο
סתיו
καλοκαίρι
קיץ
χειμώνας
חורף

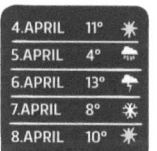

4.APRIL 11°
5.APRIL 4°
6.APRIL 13°
7.APRIL 8°
8.APRIL 10°

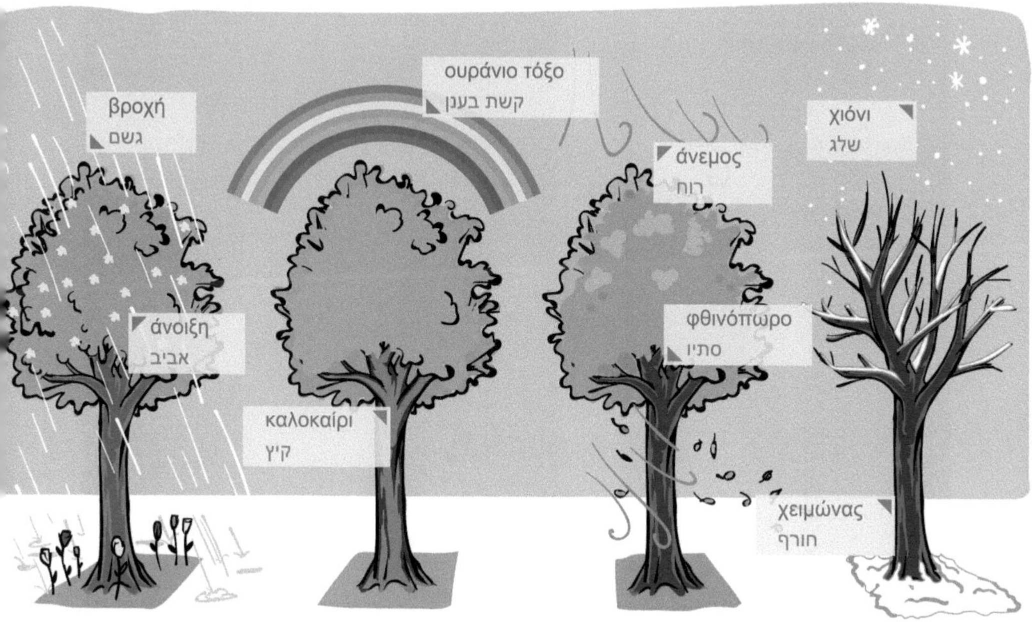

πρόγνωση καιρού

תחזית מזג האוויר

F
C
120
90
60
30
0
-30
40
30
20
10
0
-10
-20

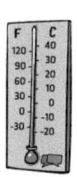

θερμόμετρο

מד חום

λιακάδα

אור שמש

σύννεφο

ענן

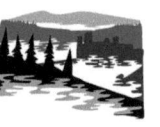

ομίχλη

ערפל

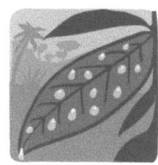

υγρασία

לחות

αστραπή

ברק

κεραυνός

רעם

καταιγίδα

סערה

χαλάζι

ברד

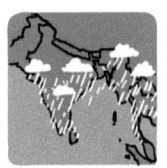

μουσώνας

רוח עונתי

πλημμύρα

שיטפון

πάγος

קרח

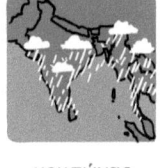

Ιανουάριος

ינואר

Φεβρουάριος

פברואר

Μάρτιος

מרץ

Απρίλιος

אפריל

Μάιος

מאי

Ιούνιος

יוני

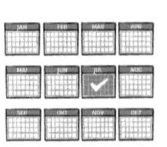

Ιούλιος

יולי

Αύγουστος

אוגוסט

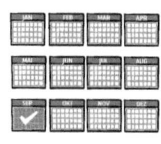

Σεπτέμβριος

ספטמבר

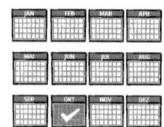

Οκτώβριος

אוקטובר

Νοέμβριος

נובמבר

Δεκέμβριος

דצמבר

σχήματα
צורות

κύκλος

עיגול

τετράγωνο

מרובע

ορθογώνιο
παραλληλόγραμμο
מלבן

τρίγωνο

משולש

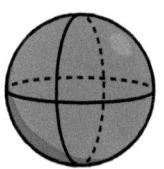

σφαίρα

כדור

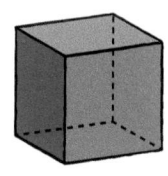

κύβος

קובייה

άσπρο

לבן

κίτρινο

צהוב

πορτοκαλί

כתום

ροζ

ורוד

κόκκινο

אדום

μωβ

סגול

μπλε

כחול

πράσινο

ירוק

καφέ

חום

γκρι

אפור

μαύρο

שחור

πολύ / λίγο

הרבה / מעט

θυμωμένος / ήρεμος

כועס / רגוע

όμορφος / άσχημος

יפה / מכוער

αρχή / τέλος

התחלה / סוף

μεγάλος / μικρός

גדול / קטן

φωτεινός / σκοτεινός

בהיר / כהה

αδελφός / αδελφή

אח / אחות

καθαρός / λερωμένος

נקי / מלוכלך

πλήρης / ατελής

שלם / חלקי

ημέρα / νύχτα

יום / לילה

νεκρός / ζωντανός

מת / חי

φαρδύς / στενός

רחב / צר

βρώσιμος / μη βρώσιμος

אכיל / לא אכיל

κακός / ευγενικός

רשע / טוב לב

ενθουσιασμένος /
βαριεστημένος

מתרגש / משועמם

παχύς / λεπτός

שמן / רזה

πρώτος / τελευταίος

ראשון / אחרון

φίλος / εχθρός

חבר / אויב

γεμάτος / άδειος

מלא / ריק

σκληρός / μαλακός

קשה / רך

βαρύς / ελαφρύς

כבד / קל

πείνα / δίψα

רעב / צמא

άρρωστος / υγιής

חולה / בריא

παράνομος / νόμιμος

בלתי-חוקי / חוקי

έξυπνος / χαζός

נבון / טיפש

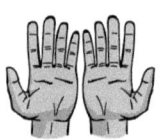

αριστερός / δεξιός

שמאל / ימין

κοντινός / μακρινός

קרוב / רחוק

καινούριος /
μεταχειρισμένος

חדש / משומש

τίποτα / κάτι

כלום / משהו

γέρος | νέος

זקן / צעיר

αναμμένος / σβηστός

פעיל / כבוי

ανοιχτός / κλειστός

פתוח / סגור

χαμηλόφωνος /
μεγαλόφωνος
שקט / רועש

πλούσιος / φτωχός

עשיר / עני

σωστός / λανθασμένος

נכון / שגוי

τραχύς / λείος

מחוספס / חלק

λυπημένος / χαρούμενος

עצוב / שמח

κοντός / μακρύς

קצר / ארוך

αργός / γρήγορος

איטי / מהיר

υγρός / στεγνός

רטוב / יבש

ζεστός / δροσερός

חם / קר

πόλεμος / ειρήνη

מלחמה / שלום

0	**1**	**2**
μηδέν	ένα	δύο
אפס	אחת	שתיים

3	**4**	**5**
τρία	τέσσερα	πέντε
שלוש	ארבע	חמש

6	**7**	**8**
έξι	εφτά	οκτώ
שש	שבע	שמונה

9	**10**	**11**
εννιά	δέκα	έντεκα
תשע	עשר	אחת-עשרה

12
δώδεκα

שתים-עשרה

13
δεκατρία

שלוש-עשרה

14
δεκατέσσερα

ארבע-עשרה

15
δεκαπέντε

חמש-עשרה

16
δεκαέξι

שש-עשרה

17
δεκαεφτά

שבע-עשרה

18
δεκαοκτώ

שמונה-עשרה

19
δεκαεννέα

תשע-עשרה

20
είκοσι

עשרים

100
εκατό

מאה

1.000
χίλια

אלף

1.000.000
εκατομμύριο

מיליון

Αγγλικά

אנגלית

Αμερικάνικα Αγγλικά

אנגלית אמריקאית

Μανδαρίνικα Κινέζικα

סינית מנדרינית

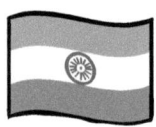

Χίντι

הודית

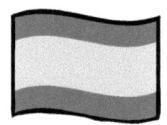

Ισπανικά

ספרדית

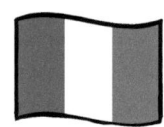

Γαλλικά

צרפתית

Αραβικά

ערבית

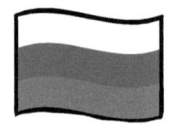

Ρώσικα

רוסית

Πορτογαλικά

פורטוגזית

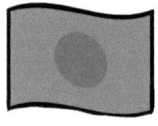

Μπενγκάλι

בנגלית

Γερμανικά

גרמנית

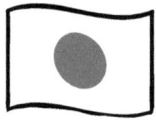

Ιαπωνικά

יפנית

εγώ
אני

εσύ
אתה / את

αυτός / αυτή / αυτό
הוא / היא / זה

εμείς
אנחנו

εσείς
אתם

αυτοί / αυτές / αυτά
הם

ποιος / ποια / ποιο;
מי?

τι;
מה?

πώς;
איך?

πού;
איפה?

πότε;
מתי?

HELLO, I AM

όνομα
שם

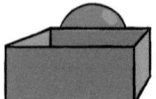

πίσω

מאחור

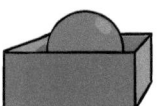

μέσα

בתוך

μπροστά

לפני

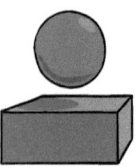

πάνω από

מעל

πάνω

על

κάτω

מתחת

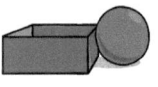

δίπλα

ליד

ανάμεσα

בין

μέρος

מקום